大规模高密度城市复杂隧道群施工力学响应机理

孔　超　王海彦　沈建青　王立川　周春江　著

人民交通出版社股份有限公司
北　京

内 容 提 要

本书以重庆红岩村隧道群工程为依托，通过强度折减法在隧道工程中的应用可行性分析、城市复杂隧道群间围岩破坏机理和稳定性分析、城市复杂隧道群施工过程力学室内三维试验研究、城市复杂隧道群施工过程力学数值模拟研究，深入探讨了城市复杂隧道群的围岩稳定性和施工力学响应。

本书可为工程技术人员开展地下工程规划、设计、施工提供理论依据，也可作为相关专业研究人员、师生以及工程管理人员等的参考用书，具有一定的参考意义和借鉴价值。

图书在版编目(CIP)数据

大规模高密度城市复杂隧道群施工力学响应机理/孔超等著. —北京：人民交通出版社股份有限公司，2024.2

ISBN 978-7-114-19299-9

Ⅰ.①大… Ⅱ.①孔… Ⅲ.①城市隧道—隧道施工—工程力学—研究 Ⅳ.①U459.9

中国国家版本馆 CIP 数据核字(2024)第 019062 号

Da Guimo Gao Midu Chengshi Fuza Suidaoqun Shigong Lixue Xiangying Jili

书　　名：大规模高密度城市复杂隧道群施工力学响应机理
著 作 者：孔　超　王海彦　沈建青　王立川　周春江
责任编辑：翁志新
责任校对：刘　芹
责任印制：刘高彤
出版发行：人民交通出版社股份有限公司
地　　址：(100011)北京市朝阳区安定门外外馆斜街 3 号
网　　址：http://www.ccpcl.com.cn
销售电话：(010)59757973
总 经 销：人民交通出版社股份有限公司发行部
经　　销：各地新华书店
印　　刷：北京建宏印刷有限公司
开　　本：787 × 1092　1/16
印　　张：6.5
插　　页：6
字　　数：168 千
版　　次：2024 年 2 月　第 1 版
印　　次：2024 年 2 月　第 1 次印刷
书　　号：ISBN 978-7-114-19299-9
定　　价：58.00 元

前言

PREFACE

城市的发展与变迁，是一个不断演进的历程。随着城市化的快速推进，城市发展面临许多挑战，包括交通拥堵、地上空间资源有限等问题。为了满足城市不断增长的人口需求，以及更有效地利用城市空间资源，城市规划和建设逐渐将目光投向了地下。城市地下空间，作为一个潜力巨大的领域，因其能够解决城市交通、环境和空间资源等多方面问题而备受瞩目，已成为城市发展战略的重要组成部分。因此，不可避免出现许多重叠交叉并行隧道群，由此引发较为复杂的施工力学问题。

本书以重庆红岩村隧道群工程为依托，通过调查研究、理论分析、数值模拟和室内试验等多种方法，对泥岩砂岩互层围岩中修建大跨度、高密度城市复杂隧道群的围岩稳定性、破坏机理、支护措施及施工过程力学进行了深入研究。通过强度折减法在隧道工程中的应用可行性分析、城市复杂隧道群间围岩破坏机理和稳定性分析、城市复杂隧道群施工过程力学室内三维试验研究、城市复杂隧道群施工过程力学数值模拟研究，深入探讨了城市复杂隧道群的围岩稳定性和施工力学响应，以便为地下工程规划、设计、施工提供理论依据，帮助工程技术人员对这些关键基础设施建设有更深入的理解和认识。

本书由西南科技大学孔超、周春江，南京工业大学王海彦，青海省交通建设管理有限公司沈建青，中铁十八届集团有限公司王立川共同撰写完成。其中，孔超负责全书统稿工作，王海彦和王立川负责全书审核工作。期望本书的出版能够为城市隧道群的设计、施工、监测和治理提供技术参考，推动我国交通基础建设事业的更大发展。

本书在撰写过程中得到了许多技术人员的支持和帮助，在本书出版之际，谨向书中所有参考文献的作者以及支持和参与本课题研究的同事和学者表示衷心的感谢。

由于作者水平有限，书中难免会有不足之处，尚希读者见谅并提出宝贵意见。

作　者

2023 年 11 月

目录

CONTENTS

第1章　绪论

1.1　城市复杂隧道群的工程定义

城市地下空间的开发利用主要起源于世界性的大都市，例如东京、纽约、首尔、巴黎、香港等。这些城市经过了长时间的发展与建设，地上地下空间均已较为拥挤，城市环境复杂，具有地面高楼林立、地下管网纵横交错、既有地下工程较多等特点，所以实际能够利用的地下空间资源有限。为了能够在城市复杂环境及空间的制约下，合理高效地利用宝贵的地下空间资源，必然会出现大量隧道同时穿越同一狭窄地下空间的情况，形成大规模、高密度的城市隧道群。“大规模”不仅是指隧道群的总体规模大，多个隧道小距离近接；也是指单个隧道断面大、跨度大、体量大。“高密度”是指各种隧道、基坑、管线、地下构筑物邻近修建，纵横交错。由于我国经济的迅速发展及城市化进程的加快，在北京、上海、深圳、重庆等城市也越来越多地出现了这种较大规模的隧道群工程，例如，广州轨道交通 5 号线区庄站多层立体交叉隧道工程、小北站工程，重庆轨道交通 6 号线光电园站重叠段隧道工程。通过对比研究发现，目前的城市地下工程向着近接工程越来越多、近接程度越来越严重、可利用空间越来越狭窄、单个隧道跨度越来越大、单个隧道结构形式越来越复杂、设计施工难度越来越大的方向发展。

1970 年，国际经济合作与发展组织召开的隧道会议综合了各种因素，对隧道所下的定义为：“以某种用途为目的，在地面下采用任何方法，按规定形状和尺寸修筑的断面积大于 2m^2 的洞室。”但是对于隧道群的定义在学术界还未有较为统一的看法。通过对多个文献的查阅，目前我国学者一般将隧道群定义为“在特定的有限地下空间内修建的大于或等于 3 个隧道洞室”。城市复杂隧道群究其本质是一种特殊的隧道近接工程。与常见的隧道近接工程相比，其具有以下几个特点：①近接距离小，近接距离多为十几米甚至几米；②近接隧道多，一般大于或等于 3 个隧道近接；③近接形式复杂多样，多为并排近接、上下近接、交叉近接等多种近接形式的组合；④隧道断面大，重庆红岩村隧道群工程中最大隧道断面已达 389.3m^2；⑤工程环境复杂，隧道群多出现在城市繁华地段，环境复杂，既有地下工程多，地质条件较差。由于城市复杂隧道群的特点，隧道群的破坏形态、荷载分布及隧道间的相互作用都更加复杂。如何解决城市大规模、高密度隧道群的设计和施工的难题，已成为我国城市化进程中面临的紧迫课题。因此,有必要对城市复杂隧道群进行深入研究,掌握施工过程力学特征,为工程设计与施工提供关键技术指导,也为相关规范、标准和指南的制定提供理论支撑。

1.2 城市复杂隧道群的发展现状及趋势

城市最早的隧道群可以追溯到1851年法国巴黎的地下排水隧道,如图1-1(见彩插)所示。至1878年,巴黎的地下管网总长度已经达到600km。城市隧道群的大面积出现主要在20世纪中后期,由于二战后城市人口的爆炸式增加以及各国经济的迅速发展,城市地面交通已经拥堵不堪,人们发现地下交通能够有效地缓解地面交通的压力,从而西方发达国家开始大量修建地铁、地下快速路、地下停车库、地下步行系统等,与此同时也出现了大量的以公共交通服务为主的城市隧道群。

美国波士顿中心隧道工程是迄今为止持续时间最长、最复杂的城市隧道群,它从1991年开始拆除20世纪50年代建成的城市高架路,转而发展地下高速公路,修建了一条地下道路(the Big Dig)。波士顿中心隧道工程主要包括一条穿越中央大道的8~10车道的地下快速路以及一条穿越波士顿港通向机场的4车道隧道,如图1-2(见彩插)所示,隧道埋深从28m至45m不等,从1991年开工至2006年主体工程基本完成,共花费150亿美元。

图1-1 巴黎的地下排水隧道

图1-2 波士顿中心隧道机场路隧道

CⅡA-1标段是波士顿中央交通主动脉隧道工程的一部分,包括一条长度为600m的4车道公路隧道和一些附属设施。在亚特兰提大道与夏日街的交叉处,新北向大道隧道与波士顿地铁红线(Red Line)站、波士顿南站隧道相交。工程要求在不影响既有线正常运营的条件下进行隧道施工。

地铁Red Line南站始建于1914年,采用盖挖法修建,结构底板距地表约19m,站体位于灰色淤泥土和黏土中,钢筋混凝土结构状况尚完好,仅局部可见渗水、裂纹和劣化块段。新建隧道施工前,对其进行了整修并对结构状态进行了全面的评估,认为完全可以承受施工导致的应力、应变的增加。

新建隧道为4车道公路隧道,位于既有地铁Red Line南站正下方,其上部支护结构距既有地铁车站底板约1.5m,施工采用暗挖支托方法,如图1-3所示。首先在工区一侧开挖两个深约35m的施工竖井,在既有地铁车站下沿隧道方向平行开挖两导洞(左洞长约46m,右洞长约40m),在洞内对其下方深18m的土体进行注浆加固,形成两道加固土墙体,然后在墙体内分三层开挖导洞,并浇筑钢筋混凝土墙,使墙体直接作用于新鲜岩体上,在紧邻既有地铁车站的横向导洞中沿与导洞垂直方向以一定间距开挖小导洞,并在其中采用后张法浇筑钢筋混凝土梁,支撑于混凝土墙上。至此,支托体系完成,支托面积为 $25 \times 36m^2$。之后,在该结构的保护下进行隧道开挖。

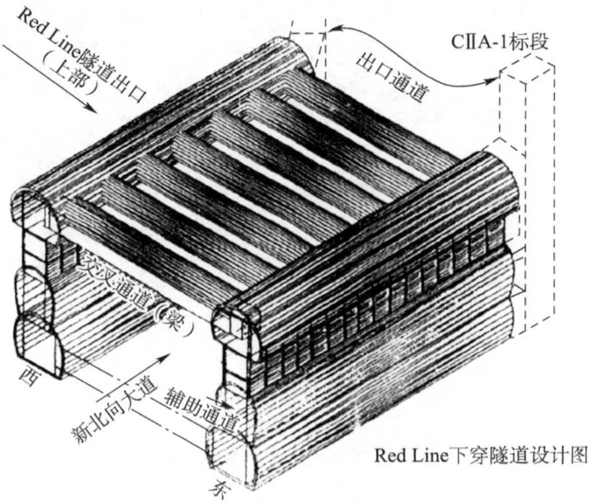

图 1-3 波士顿 Red Line 地铁(车站)下部支托结构示意图

在开挖上层导洞时,曾进行注浆止水和施作横向小导洞时进行壁后注浆。为了保证既有车站及其附属设施的正常运营,对既有线进行了水平仪和光学两种观测,在前后两个月的施工中,既有结构因注浆而上抬了 0.8in,约 20.32mm。施工过程中同时对地铁 Red Line 南站、MBTA 电车隧道(车站)的结构进行 24h 无间断监测,并规定既有结构弯曲变形警戒值为 6mm,极限值为 10mm。

由于日本国土面积较小且人口众多,日本城市中也不可避免地出现了城市复杂隧道群,最具代表性的就是日本东京饭田桥站地铁车站(Lidabashi station)隧道群,如图 1-4 所示。其主要包括东京地铁东西线(Tozai Line)、有乐町线(Yurakucho Line)、7 号线(Line No. 7)和 12 号线(Line No. 12)四条地铁线路。四条线路纵横交错,近接距离非常小,特别是有乐町线穿插在东西线与 12 号线上下之间,其施工难度可想而知。

法国巴黎的拉德芳斯城市中心(La Defense Urban Hub)如图 1-5 所示,它的 2~4 层为地下,主要是由地铁 1 号线、区域快速铁路 RER-A 线、有轨电车 T2 线、郊区铁路线、大型地下停车场以及拉德芳斯地铁车站组成的隧道群,是欧洲最大的公交换乘系统。其隧道群主要随埋深不同分别分布在三层空间内,不仅每层空间内遍布不同用途的隧道,而且每一层之间也相互联系。

近年来,我国不少城市也逐步出现了以公共交通服务为主的城市隧道群工程。北京地铁 5 号线东单站暗挖段上穿既有地铁 1 号线王府井—东单区间隧道,新旧线结构净距仅为 0.6m。车站暗挖段断面尺寸为 23.66m × 9.83m,为单层一拱双柱复合衬砌结构形式,埋深 5.5m。既有线为双线单洞隧道,线间距 16.8m,为复合式衬砌结构,断面尺寸为 5.7m × 6.1m,断面形式为马蹄形。新建车站下卧部分的既有线还含有两条迂回风道,暗挖车站与既有地铁隧道的关系如图 1-6 所示。

图 1-4　日本东京饭田桥站地铁车站隧道群

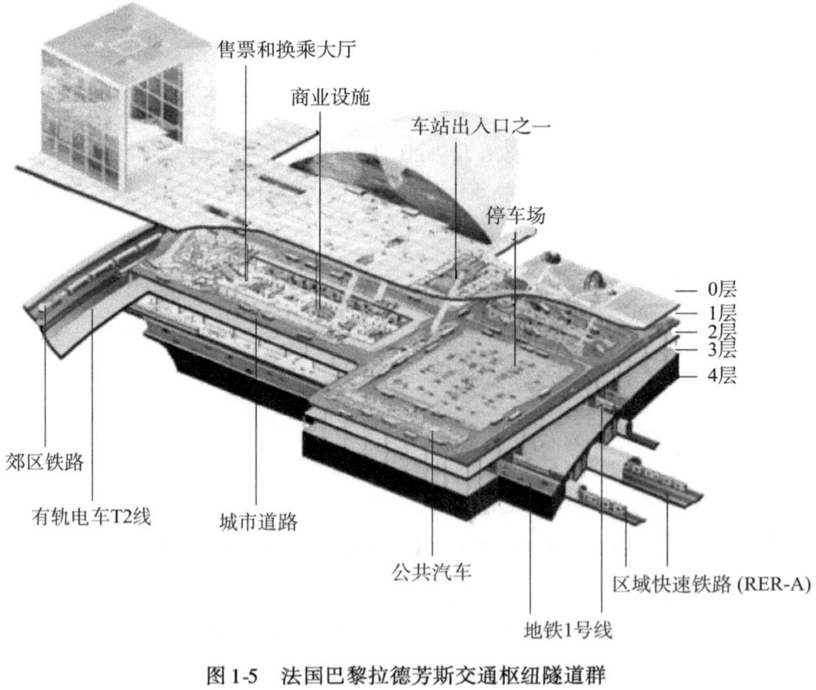

图 1-5　法国巴黎拉德芳斯交通枢纽隧道群

重庆轨道交通 6 号线光电园站隧道群，如图 1-7 所示，包括 6 号线主线隧道、出入段左洞及出入段右洞。隧道群主要分为两层，第一层为 6 号线主线隧道，第二层为出入段隧道。三个隧道并排近接，且两层隧道距离从 1.29m 逐步增加至 6.82m，正洞开挖面积为 50.86m²，出入线隧道开挖面积为 85.08m²。隧道群同时采用浅埋暗挖法修建，重叠隧道段采用“先上、后下、再上”的施工顺序：上部隧道上台阶开挖初期支护 1→施作临时仰拱(I18 工字钢)

→下部隧道开挖初期支护(滞后上部隧道临时仰拱施工段至少5m,2、3、4、5错开) →下部隧道二次衬砌(Ⅰ,Ⅱ错开) →(下部隧道二次衬砌达到设计强度后)上部隧道下台阶开挖(弱爆破)、初期支护(6、7错开) →上部隧道二次衬砌(Ⅲ),如图1-8所示。

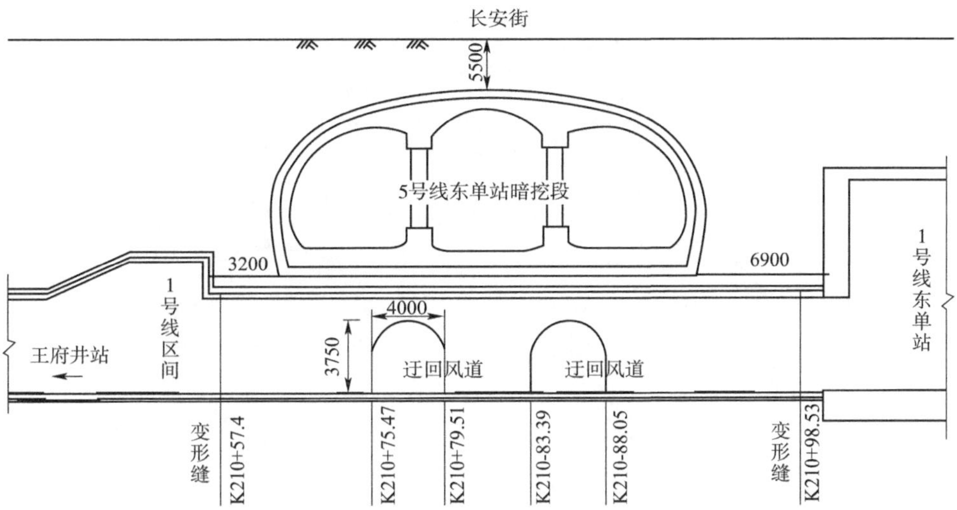

图1-6　北京地铁5号线东单站暗挖车站与既有地铁隧道剖面图(尺寸单位:mm)

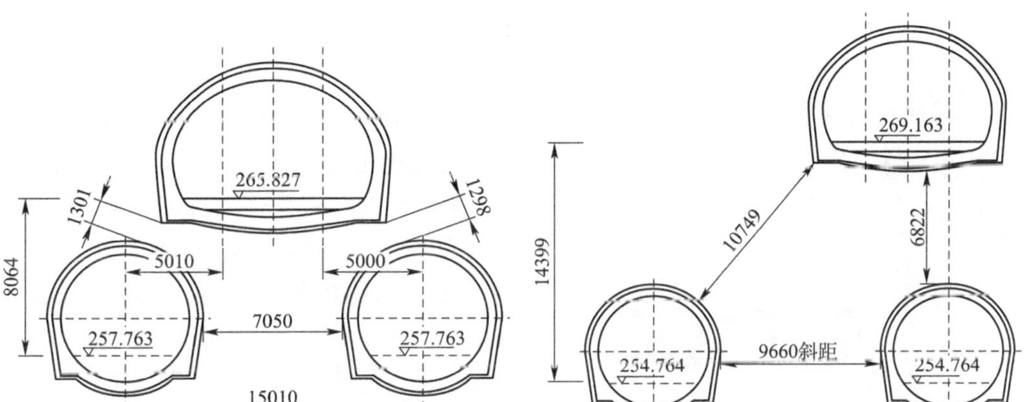

a) 正线YDK27+607.9(出入段线0+168.72)　b) 正线YDK27+711.32(出入段线0+271.84)

图1-7　重庆轨道交通6号线光电园站隧道群示意图(尺寸单位:mm)

广州轨道交通5号线区庄站隧道群,包括广州轨道交通5号线、6号线以及区庄换乘站,如图1-9所示。隧道群随埋深增加有三层隧道,第一层是人行通道,第二层是5号线主体隧道及其横通道与风道,第三层为6号线隧道。其中,最小近接距离为风道与6号线隧洞拱顶,直线距离仅有1.806m。隧道群同时采用浅埋暗挖法修建。首先采用短台阶法(循环进尺0.5m)开挖6号线隧道并施作初期支护;其次采用三台阶法开挖5号线主体隧道并施作初期支护,同时对风道、横通道采用4台阶8步法进行开挖并施作初期支护;再次对开挖完成的隧道施作二次衬砌;最后开挖人行通道。

由于城市地下交通的开发能够有效地解决城市交通的拥堵及提升交通效率,所以城市复杂隧道群多以城市地下交通隧道为主，然而地下空间还具备其他优点，例如它能够有效地拓展地上建筑空间、节约城市建设用地、扩大城市空间容量、保护城市风貌等。瑞典皇家图书馆的地下隧道群就是一个扩展建筑空间的例子。

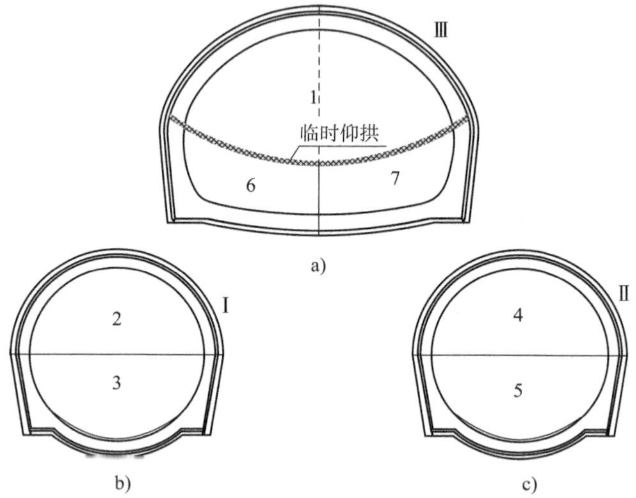

图 1-8　光园站隧道群施工顺序示意图

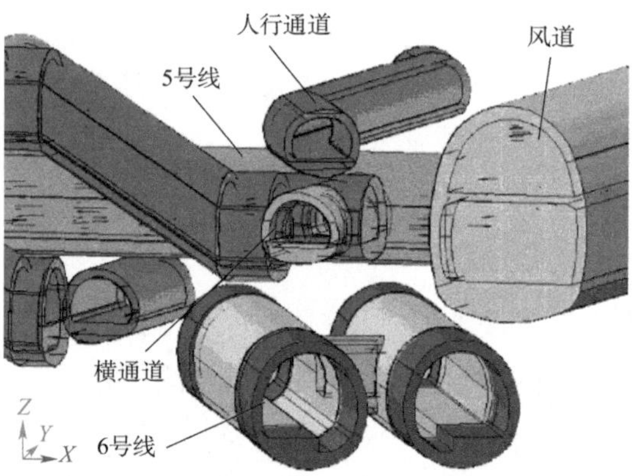

图 1-9　广州轨道交通 5 号线区庄站隧道群示意图

瑞典皇家图书馆（Swedish Royal Library）地下隧道群主要有两个洞室，如图 1-10 所示。每个隧道均长 150m、宽 15m、高 19m，其中一个洞室拱顶距房屋仅有 15m。主洞被分为 5 层，采用爆破法逐层开挖，为减少开挖时隧道的相互影响，每次爆破循环不能超过2.0m，并且主洞之间设置了连接通道以及逃生井。

通过对国内外城市隧道群的发展趋势研究分析，可以看出，随着施工技术及设计水平的逐渐发展，城市复杂隧道群由简单近接向复杂近接发展，由小断面隧道向大断面隧道发展，由城市基础交通功能设施向其他城市基础服务设施发展。而值得注意的是，由于西方发达国家的城市已经经历了较大发展，都在较长的时间内先后逐渐修建扩大从而形成了如今的大规模、高密度的城市隧道群。由于隧道群的形成历时较长，一般在前一隧道修建时考虑不到后续隧道施工的规划，因此隧道修建时并没有进行针对性的设计以预防后续隧道施工时对其造成的影响。但是在我国，多数城市刚开始进行城市地下空间的开发利用，由于对城市自身发展的预期以及对国内外其他城市地下空间开发利用的参考，故在尽量可能的条件下，隧道群多为一次性规划、修建，若不能一次性修建，也会对先建隧道进行针对性设计以减少后续隧道修建对其产生的影响，以及减少由于后续规划发展带来的不必要的麻烦。然而国内外对于一次性修建隧道群并无太多实际经验，现有设计、施工经验无法对复杂城市隧道群的建设提供强有力的支撑，因此，有必要对城市复杂隧道群建设的理论水平、设计水平以及施工等方面开展深入研究。

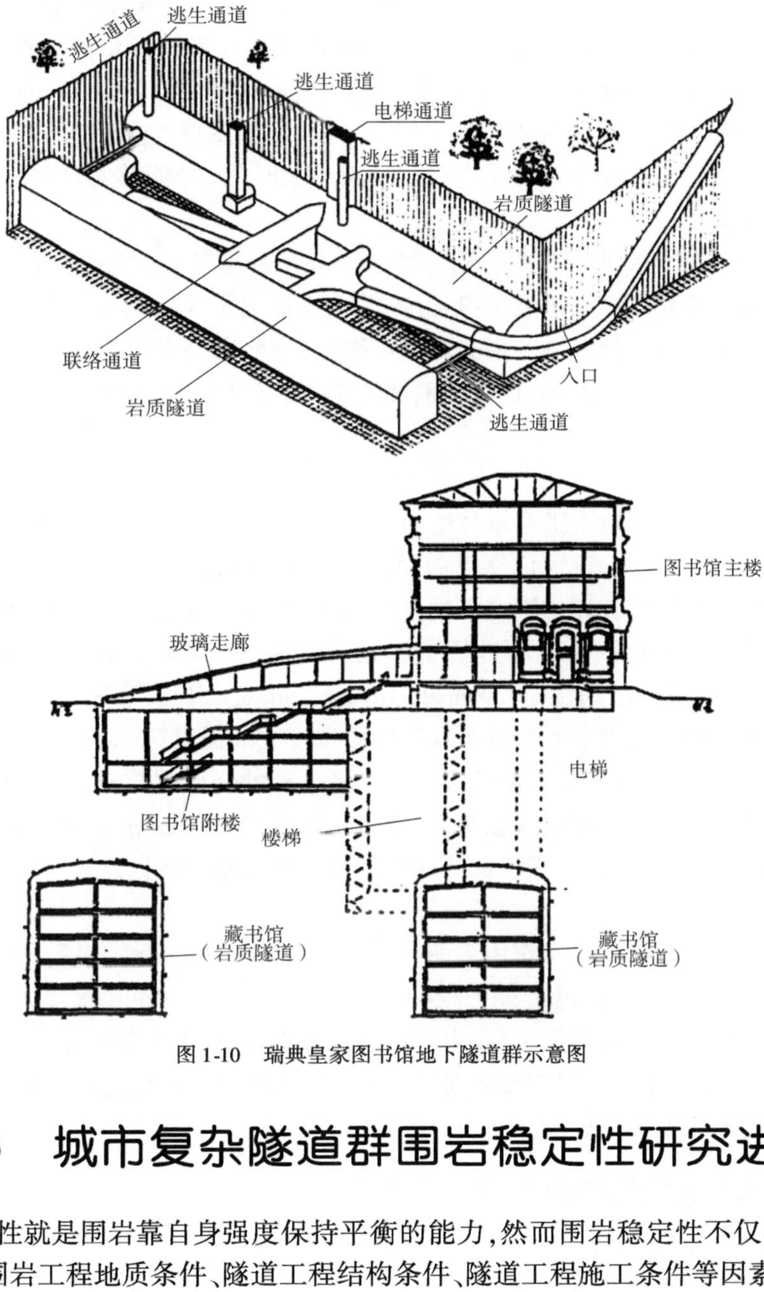

图 1-10　瑞典皇家图书馆地下隧道群示意图

1.3　城市复杂隧道群围岩稳定性研究进展

围岩稳定性就是围岩靠自身强度保持平衡的能力，然而围岩稳定性不仅与围岩自身强度有关，还与围岩工程地质条件、隧道工程结构条件、隧道工程施工条件等因素密切相关。

1.3.1　围岩工程地质条件

1. 围岩分级

室内岩体试验最大的缺陷是它受制于岩体试件的尺寸，并且它的取样也是经过人工选择的，由于取样方法及数量的限制，岩体试件的样本是一个高度偏差样本。故在实际工程中，仅靠室内岩体试验无法完全获取原岩的相关参数，也不能依靠室内试验的结果来估计原位岩体的性质。

为了能够对原岩特性有效地进行评估，各个国家都提出了不同的围岩分级系统。例如，在日本就有7种围岩分级系统，每种分级系统对应不同的特殊地质情况。在西方国家，普遍应用的围岩分级系统主要有两个，一个是Bieniawski提出的RMR法及Barton，Lien和Lunde提出的Q法。两种围岩分级系统均考虑了围岩强度、裂隙发育、地下水等对围岩强度有影响的因素。许多学者对这两种分级方法进行了研究，提出了大量能够对这两种方法之间进行换算和对照的经验公式。

20世纪70年代之后，我国在围岩稳定性分级研究上也有了很大的进展，谷德振、黄鼎成提出了根据岩体质量系数Z的围岩分级标准，关宝树提出了围岩质量Q分类，邢念信针对坑道工程进行了详细的围岩分级等。在交通隧道领域，当前主要采用的是《公路隧道设计规范　第一册　土建工程》（JTG 3370.1—2018）及《铁路隧道设计规范》（TB 10003—2016）中所推荐的围岩分级方法。

2. 围岩强度

如何确定围岩强度是地下工程设计所面临的主要问题之一。然而围岩多由节理岩体组成，影响其强度的参数较多，仅仅依靠室内及现场试验很难确定围岩强度。因此，必须通过地质调查及试验等手段综合评估围岩强度。Hoek和Brown通过理论方法、模型试验以及大量有效的围岩强度数据对这个问题进行了研究。Hoek于1994年基于Hoek-Brown破坏准则，提出了地质强度指标法（The Geological Strength Index，GSI）。它是一种能够直接对节理岩体进行分类并且确定围岩变形模量及强度的方法。它能通过输入现场地质调查资料及室内试验所得到的数据，得到如变形模量E_m、Hoek-Brown的强度参数m_b和s、单轴抗压强度U等岩体力学参数。大量的工程实践证明，应用GSI法及Hoek-Brown准则能够较为准确地评估不同种类的围岩强度，为地下工程设计提供较为准确的基础数据。

3. 地应力的影响

地应力是地下工程中的基本作用力，是确定工程岩体力学属性，进行围岩稳定性分析，实现隧道工程（尤其是大型隧道工程）开挖设计和决策科学化的重要前提。可以说，在诸多影响岩体开挖工程稳定性的因素中，地应力状态是最重要、最基本的因素之一。而要了解某地的地应力状态，往往需要进行现场测量，再根据零散的测点资料进行回归分析，从而进一步掌握研究区的地应力场特征。

1.3.2 隧道工程结构条件

1. 断面形状及断面尺寸

由于城市公路、铁路交通的发展，隧道断面逐渐变大，断面扁平率也越来越小。在20世纪90年代汉城高速公路扩建中即出现了单洞4车道高速公路大跨度隧道，其中建于1992年的清溪隧道是较早的大跨度公路隧道，随后又相继建设了十几条4车道和6车道公路隧道。我国目前建成的大跨扁平隧道主要为4车道公路隧道和大跨地铁车站隧道。比如已建成的4车道公路隧道有贵州凯里市大阁山隧道，其全长496m，为单洞双向4车道隧道，开挖宽度21.04m，最大开挖高度11.5m，扁平率约0.55；2003年4月28日提前一个月贯通的有

"亚洲第一隧"之称的沈大高速公路韩家岭隧道就是一座开挖宽度为21.4m的单洞4车道公路隧道;六沾线乌蒙山2号隧道出口段四线铁路车站隧道,最大开挖宽度达28.42m,开挖面积为354.30m^2。

2. 隧道相对位置

隧道相对位置包括单个隧道的埋深以及多个隧道的近接相对位置。由于隧道埋深不同,其稳定性也不相同,且多个隧道的近接相对位置对围岩稳定性影响较大。仇文革对重叠隧道、交叉隧道的围岩稳定性进行了深入研究,提出了近接影响分区概念,并提出应根据不同的近接情况,设置相对应的支护策略,郑余朝对三孔并行隧道围岩稳定性进行了深入研究,Rohola Hasanpour等对不同隧道间距以及不同隧道埋深情况下的围岩稳定性进行了研究。

1.3.3 隧道工程施工条件

1. 围岩加固及隧道支护

围岩加固及隧道支护是保证围岩短期稳定性及长期稳定性的有效手段。围岩加固系统以及隧道支护技术在近几十年来经历了长足的发展,尤其是喷射混凝土的发展对地下工程建设的进步做出了主要贡献。

围岩加固,顾名思义就是对围岩进行加固以提高岩体强度及其抵抗变形能力的方法,类似于在混凝土中加入钢筋以提高钢筋混凝土的性能。围岩加固的主要方法是向围岩内部施作锚杆或者锚索用以约束岩体位移及减少由于应力释放而引起的围岩松弛现象。它们的施作顺序及施作时机能够决定锚杆的受力,通常来讲,围岩加固只有在强度适中且能够提供足够摩擦力的围岩中才完全有效,这种岩体可以为加固系统提供有效的锚固力,加固系统提供的约束力也可以使结构物和地层连锁在一起。挂网和喷射混凝土在围岩加固系统中发挥着重要作用,它们能够填补相邻锚杆和锚头之间的空隙并防止未被加固的小块岩石脱落。然而,对于对黏聚力强于摩擦力的软弱围岩或极软弱围岩,围岩加强的效果甚微,甚至没有效果,在这种情况下,选择隧道支护较围岩加固更为合适。

由钢架、喷射混凝土和混凝土衬砌以不同组合构成的支护体系能够在软弱围岩中发挥有效作用。支护的主要作用是限制围岩变形,有效阻止围岩坍塌,及早提供支护反力及与围岩加固系统形成统一整体,共同保证围岩稳定性。

随着计算机技术及数值模拟的发展,围岩加固及隧道支护的设计也具有了长足进步。以往隧道往往以经验法为基础进行设计,而现在,工程师可以通过数值模型对隧道的开挖几何形状、开挖顺序、岩体性质以及加固或支护措施等方面进行广泛的研究。但并不是所有的开挖都要进行数值模拟分析,因为一旦建立起一种可靠的地质模型,隧道设计人员可以为类似地质情况中修建的隧道选出最有效的加固或支护体系。

2. 开挖方法

裂隙岩体的强度取决于单个岩块之间的联系,这种联系很容易被破坏。开挖过程中不精细的爆破是地下工程开挖失稳最常见的诱因之一。

Holmberg和Persson在文章中指出,较好的爆破技术能够有效减少围岩扰动,保证施工进度，从而减少施工成本。机械开挖对周围岩体的扰动非常小，且经过多年发展，掘进机几乎可以在所有围岩类型中工作。未来掘进机的发展很值得期待，机械开挖将会比今天发挥更加重要的作用。

如上所述，以上各因素均能影响围岩稳定性，如何综合各种因素对围岩稳定性进行评价也是国内外最为关心的问题。发展至今，国内外对围岩稳定性的评价主要有以下几种方法：

(1)力学解析法

通过力学计算方法对围岩稳定性进行评价，经过多年研究，圆形洞室在弹性、弹塑性及黏弹性介质中的解析解已经求得，且通过引入复变函数法，椭圆形洞室的解析解也已经求得，大量工程应用也证明了其正确性。但是解析解一般只能针对单个隧道且断面形状较为规则的情况。当隧道数量较多、断面形式且相互位置较为复杂时，求得其解析解是非常困难甚至是无法求得的，所以对于城市复杂隧道群围岩稳定性研究来讲，力学解析解的作用已经十分有限。

(2)数值模拟法

数值模拟法是一种通过数值分析手段分析围岩稳定性的方法。随着数学、力学以及计算机的迅速发展，数值模拟法在围岩稳定性研究中已经具有了不可替代的作用，特别是在复杂介质、复杂边界的情况下。对于城市复杂隧道群，其地质环境复杂，工程条件复杂，数值模拟法能够有效地解决这类问题。近年来，郑颖人院士通过数值模拟与力学分析相结合，把强度折减法(岩石极限分析法)引入隧道围岩稳定性分析，不仅能够定量地对围岩稳定性进行评价，还能够获得围岩破裂面，从而有针对性地指导设计、施工。将强度折减法引入隧道围岩稳定性评价现已得到国内外的基本认可，国内外许多学者应用强度折减法对实际工程进行了分析研究，认为其应用简单便捷，分析结果可靠，能够有效评价隧道工程的围岩稳定性。

(3)物理试验法

物理试验法是一种基于相似原理和量纲分析原理，建立物理试验模型，分析及评价围岩稳定性的方法。它能够较为真实地模拟实际工程环境，结果直观，真实可靠。但是物理试验花费大、费时费力，对于需要对大量工况进行分析的情况并不适用，且对于城市复杂隧道群来说，由于尺寸、开挖方法及测量技术的限制，物理试验很难真实地模拟隧道群的相对空间关系。但是近几十年来，模型试验在隧道围岩稳定性的研究领域中已经有了较大的发展及广泛的应用，特别是日本、中国、法国等几个国家，而随着数值模拟的逐渐发展，模型试验已经逐渐被用来验证数值模拟的正确性。

1.4 城市复杂隧道群的施工力学研究进展

隧道群的施工具有强烈的空间效应，隧道之间的相互影响是完全不能被忽略的，而影响隧道群空间效应的主要有两个因素：隧道群的埋深及隧道之间的间距。

1. 隧道群的埋深

由于城市隧道群在近几年才开始较多地出现，国内外对城市复杂隧道群的研究与报道相对较少。而隧道群在水利工程中出现较多且与城市复杂隧道群多有相似之处，故本节较多例子取于水利隧道群。按照通常的设计经验,隧道群的埋深是通过隧道群顶部能否形成自承拱来确定的。挪威法认为,当隧道跨度为20m时,应该保证隧道塌落区上部至少有5m的完整围岩厚度;中国水电行业设计规范对不同围岩级别的隧道覆土厚度均进行了规定,其中较为完整的围岩覆土厚度应不小于1.0~1.5倍洞径,裂缝围岩覆土厚度应不小于1.5~2.0倍洞径,破碎围岩覆土厚度应不小于2.0~3.0倍洞径;印度建议围岩覆土厚度应该为洞径的2~3倍。对于城市隧道,由于各种条件限制,并没有明确规定隧道埋深,但是一般规定地表沉降不应大于2cm。

通过调查已有工程资料,国内仅有百色、大广坝等少数隧道群埋深较小,绝大多数的水电地下洞室的埋深都远远超过规范规定。因此,国内在线埋方面的研究较少。冯紫良、朱志伟在不同埋深条件下,对不同隧道形状进行分析,以洞形优化为目标函数,得出了在不同埋深条件下最优洞形的变化规律,认为随着埋深的逐渐减小,隧道洞形应该由圆形向扁椭圆形转变,以适应地应力的变化。张玉军、刘谊平通过有限元方法,对不同埋深下的隧道围岩稳定性进行了分析,通过对围岩位移、应力以及塑性区分布的分析,得出当隧道埋深较小及地应力较小时,用形变理论分析围岩稳定性是较为准确的。项志敏等通过极限分析上限法与数值模拟法对浅埋隧道围岩稳定性的破坏形态进行了研究,提出了隧道铣挖法施工工艺及工法以保证隧道围岩稳定性。值得注意的是,城市复杂隧道群由于处于城市之中,故隧道群多为浅埋及超浅埋状态,无法形成有效的自承拱,其稳定性相较于能够形成有效压力拱的深埋隧道群要差,故如何在浅埋甚至超浅埋情况下,进行有效的支护以保证隧道群的稳定性也是重要的研究方向之一。

2. *隧道群的间距*

确定合理的隧道群间距是保证围岩稳定性的重中之中,而由于城市隧道群所处的地质环境非常复杂,可以使用的地下空间极其有限,使得确定隧道群合理间距更加困难。王思敬等运用有限元法分析了不同间距下隧道开挖的相互影响,仇文革等通过数值模拟、室内试验以及近接分区,研究了不同间距间隧道的相互影响,提出了近接影响分区,并且提出应在不同影响分区下考虑隧道支护措施。以上研究均认为隧道群间距越小,其稳定性越差,越需要根据实际隧道近接情况进行有针对性的支护。蒋峰等根据国内外大中型隧道群资料,统计得出相邻洞室之间的夹岩厚度 L 与相邻洞室最大开挖宽度 B 的关系:$L/B=0.60\sim1.80$。由于城市空间的限制,复杂城市隧道群夹岩厚度无法增加,故在极小夹岩厚度下保证隧道群的稳定也是重要问题之一。

第2章　强度折减法在隧道工程中应用可行性分析

2.1　强度折减法在隧道围岩稳定性分析中的应用

传统评价隧道围岩稳定性的标准主要是通过隧道位移及隧道周边塑性区的大小来进行判断,但是无法定量地对围岩稳定性进行评价,工程师需要有足够的工程经验才能通过隧道位移及塑性区大小来定性地进行围岩稳定性评价,可靠度较低。而且这种评价标准还有许多不足之处:隧道位移及塑性区大小与隧道稳定性之间没有明确的力学关系,并不能明确反映隧道的破坏情况,且隧道位移及塑性区大小与隧道开挖面积、施工方法、围岩力学参数等都有着直接关系,无法制定统一的围岩稳定性判定标准。

Zienkiewicz 于 1975 年基于极限状态分析法提出了强度折减法,由于其确定的安全储备系数概念被广泛认可,因此该方法被广泛应用于边坡、隧道等岩土领域。国内郑颖人院士首次将有限元强度折减法引入隧道围岩稳定性评价中,对无衬砌隧道做了系统的研究,分析了有限元强度折减法引入隧道围岩稳定性分析的合理性,提出了隧道的剪切安全系数与抗拉安全系数。近年来,强度折减法在隧道稳定性分析领域取得了较大发展。在实际工程应用中,工程师可以通过数值分析软件依据隧道实际情况建立隧道模型,应用强度折减法方便快速地初步判断隧道稳定性,从而为设计、施工提供理论依据。

2.1.1　强度折减法基本理论

强度折减法的实质是在外荷载一定的条件下,通过人为不断等比例折减岩土材料强度,直至岩土材料发生破坏,此时的折减系数可以认为是此岩土材料的安全储备,将其定义为安全系数(*FoS*)。由于极限状态下岩土材料已经被破坏,故在得到安全系数的同时还能够得到岩土的破坏形态。

传统的强度折减法主要基于 Mohr-Coulomb 准则,对材料的黏聚力(c)和内摩擦角(φ)进行折减,直到材料到达极限状态,材料所具有的强度参数值与该极限状态的强度参数值之比即为所求的安全系数,同时还可以得到潜在的破坏面。具体折减方法见式(2-1)、式(2-2):

$$c_{cr} = c_0/K \tag{2-1}$$

$$\varphi_{cr} = \arctan(\tan\varphi_0/K) \tag{2-2}$$

式中，c_0 和 c_{cr} 分别为初始黏聚力和极限状态黏聚力；φ_0 和 φ_{cr} 分别为初始内摩擦角和极限状态内摩擦角；K 为稳定安全系数。

2.1.2 隧道围岩失稳判据

目前关于强度折减法隧道失稳判据主要有三种：

(1)关键点的位移突变；

(2)数值软件计算不收敛；

(3)塑性区相互贯通。

郑颖人通过应用不同的数值计算软件对三个判据进行了对比分析，依据隧道的变形破坏规律，当围岩强度逐渐减小时，围岩的稳定性也随着逐渐变化，位移速率(位移增量与时间增量之比)也随之变化；当围岩到达临界破坏状态时，围岩安全系数为1；当围岩强度继续减小时，围岩突然进入失稳状态，此时，位移速率会突然急剧加速，故本书以隧道拱顶竖向位移的突变来作为围岩失稳的判据。刘浩通过对隧道群的计算分析，也认为利用关键点的位移突变来获取隧道群的安全系数是较为合适的。

2.2 强度可折减的相似岩土材料在力学试验中的实现

基于数值计算的强度折减分析方法在边坡、隧道等岩土工程领域取得了较大发展，通过数值计算软件利用强度折减法计算评价岩土工程的稳定性已经被广泛认可(赵尚毅，江权)。但是却罕有直接通过实现相似材料的自身强度折减的室内模型试验来验证数值计算的正确性，仅有郑颖人院士采用室内试验加载法通过破坏形式间接证实了数值计算的正确性。究其关键原因，是很难找到能够通过较为简便的方法来实现自身强度折减且满足室内试验要求的相似材料。

本书在固体模型材料研究的基础上，通过大量的配比试验，以河砂与重晶石粉作为集料，以石蜡作为胶结剂，利用石蜡对于温度的敏感性，通过实验室的单轴抗压强度试验、直剪试验等经典力学试验，研制出了一种材料强度能够随温度升高而减小的强度折减新型岩土工程相似材料(简称 SRM 材料)。

2.2.1 强度可折减的相似岩土材料研制

1. 相似原材料的选择

基于 Mohr-Coulomb 准则，强度折减法通过对岩土体强度参数进行折减，使岩土体处于极限状态，所求的安全系数就是原材料具有的强度参数值与材料在极限状态下的强度参数值之比。强度参数值为黏聚力 c 和内摩擦角 φ，同时通过强度折减计算还可以得到潜在的破坏面。具体折减方法见式(2-1)、式(2-2)。

通过式(2-1)、式(2-2)可以看出，强度折减的本质是材料的 c、$\tan\varphi$ 同步等比例折减，考虑到相似材料需要能够通过一定手段保证 c、$\tan\varphi$ 同时近似等比例折减，通过大量调研资料，发现石蜡对于温度较为敏感且由于石蜡的存在，相似材料在受热状态下将有较大的塑性，材料的强度将随温度的变化而变化。

石蜡是非亲水性材料，化学及物理性质稳定，由石蜡做胶结剂的相似材料不受湿度影响并且除温度外对周边环境因素要求较小。

相似材料的集料包括砂和重晶石粉，胶结剂选择低熔度优质石蜡（54℃）。选取的材料有重晶石粉（400 目），砂的粒径小于 1mm，以满足材料的强度及密实度要求。

2. 相似材料试件制作

在制作试件的过程时，要保持温度恒定，以保证成型后材料的均质性。制作试件时，需先将石蜡在恒定温度下完全熔化，并把集料按配比称重并搅拌均匀，然后再倒入熔化的石蜡中，此时要注意保持在一定温度下搅拌至均匀。试件的物理性质会受装模温度的影响，为了不破坏石蜡的物理性质，不能让加热时的温度过高，制作试件过程中尽量使温度保持恒温 80℃。本试验采用 60℃左右的装模温度，为保持温度恒定，材料需在模具中迅速压实，等试件冷却成型后脱模、标记，且在室温下放置 24h 后测定参数。

3. 试件参数测试

本试验主要测定相似材料的在室温条件下（20℃）的黏聚力 c 和内摩擦角 φ 以及单轴抗拉强度 σ_t、单轴抗压强度 σ_c、弹性模量 E 和泊松比 μ。

（1）材料单轴抗压强度 σ_c、抗拉强度 σ_t、弹性模量 E 和泊松比 μ 的测定。

本试验采用的试件为高 100mm、直径 53mm 的圆柱体，在国家教育示范土木工程实验室全数字控制刚性岩石万能试验机上进行，所要测定的弹性模量 E 是试件在弹性阶段的应力与竖向应变的比值，而泊松比 μ 是材料横向正应变与轴向正应变的比值，相似材料随着石蜡含量不同，其强度也不同，具体各材料参数见表 2-1。试件呈现脆性破坏且破坏形态与岩石破坏形态较为相似，如图 2-1（见彩插）所示。石蜡含量对材料 E 和 σ_c 的影响曲线如图 2-2a）所示。

石蜡含量不同时的材料参数 表 2-1

石蜡质量比（%）	抗压强度（MPa）	抗拉强度（MPa）	拉压强度比	弹性模量（MPa）	泊松比
10	4.58	1.06	0.231	353.10	0.25
8	4.30	0.85	0.198	303.00	0.25
6	1.68	0.30	0.197	86.60	0.30
4	0.66	0.10	0.152	52.70	0.30
2	0.22	0.02	0.091	15.70	0.35

注：表中细砂与重晶石粉质量比为 3∶2 且不随石蜡质量比的改变而改变。

相似材料的性质不仅与石蜡含量有关，还与河砂、重晶石粉的含量有关。石蜡含量为 6% 时，材料参数与河砂质量比的关系试验结果见表 2-2。砂含量对材料 E 和 σ_c 的影响曲线如图 2-2b）所示。

不同砂含量下的材料参数 表 2-2

河砂质量比(占集料质量)(%)	抗压强度(MPa)	抗拉强度(MPa)	拉压强度比	弹性模量(MPa)	泊松比
100	0.89	0.21	0.236	70.70	0.26
80	1.52	0.34	0.224	83.00	0.26
60	1.68	0.30	0.160	86.60	0.27
40	2.32	0.50	0.216	90.40	0.27

注:表中石蜡质量比始终为6%。

a) 石蜡含量4%

b) 石蜡含量6%

c) 石蜡含量8%

d) 石蜡含量10%

图 2-1 单轴压缩试件破坏形态

由表 2-1、表 2-2 可知,相似材料的拉压强度比在 0.10 ~ 0.25 之间,而岩石的拉压强度比在 0.04 ~ 0.25 之间,因此该相似材料可以较好地模拟岩石的一些物理性质。

①由图 2-2a) 可知,石蜡含量越多,试件的抗压强度及弹性模量越大,石蜡对试件的抗压强度及弹性模量的影响趋势基本一致:当石蜡含量小于 6% 时,随石蜡含量增加,试件的弹性模量和抗压强度缓慢增加;当石蜡含量达到 8% 时,试件的弹性模量和抗压强度快速增加,约达到 6% 时的 3 倍;当石蜡含量大于 8% 时,试件的弹性模量和抗压强度呈平缓趋势上升。

②由图 2-2b) 可知,试件的抗压强度和弹性模量受砂含量的影响,其中石蜡含量为 6%,随着砂含量的增大,即重晶石粉的含量减少,试件材料的级配变差,密实度变差,从而抗压强度随之降低,弹性模量也随之平缓下降。

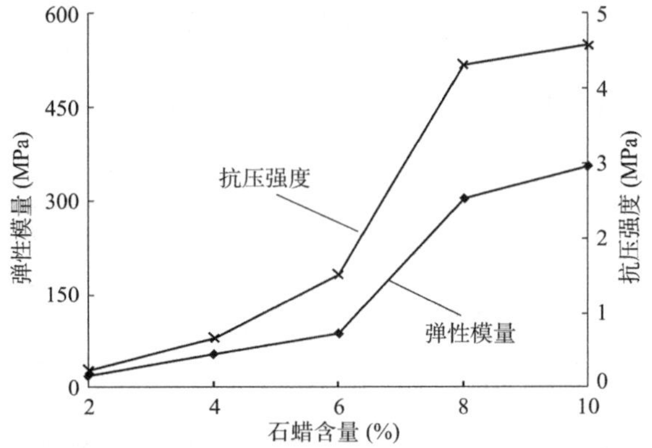

a) 不同石蜡含量的曲线变化

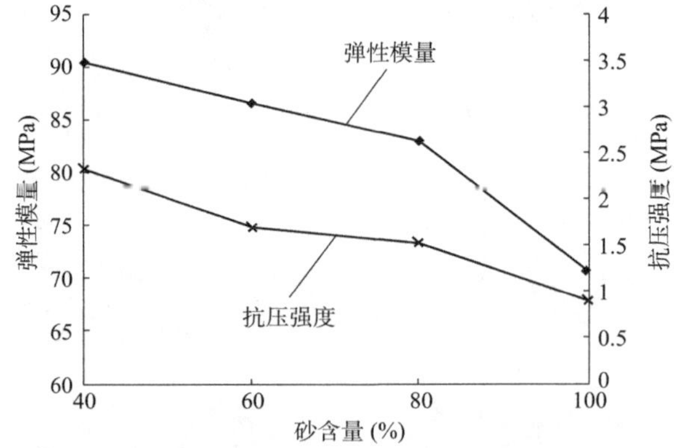

b) 不同砂含量的曲线变化

图 2-2　石蜡、砂含量对材料 E 和 σ_c 的影响曲线

(2)材料黏聚力 c 和内摩擦角 φ 的测定。

相似材料的抗剪强度指标 c、φ 值的测试在应变控制式直剪仪上进行，由此可以得到不同配比条件下，相似材料的 c、φ 值，结果见表 2-3、表 2-4。

不同石蜡含量下的材料参数　　表 2-3

石蜡质量比(%)	10	8	6	4	2
黏聚力(kPa)	127.44	85.3	35.4	20.7	12.1
内摩擦角(°)	48.1	41.5	37.8	31.4	28.4

注：表中河砂与重晶石粉质量比为 3∶2。

不同砂含量下的材料参数　　表 2-4

河砂质量比(占集料质量)(%)	100	80	60	40
黏聚力(kPa)	29.45	32.3	35.4	36.2
内摩擦角(°)	35.4	36.1	37.8	38.9

注：表中石蜡质量占总质量比始终为 6%。

试验测得石蜡质量比与材料 c、φ 值的关系曲线如图 2-3 所示，砂含量与材料 c、φ 值的关系曲线如图 2-4 所示。

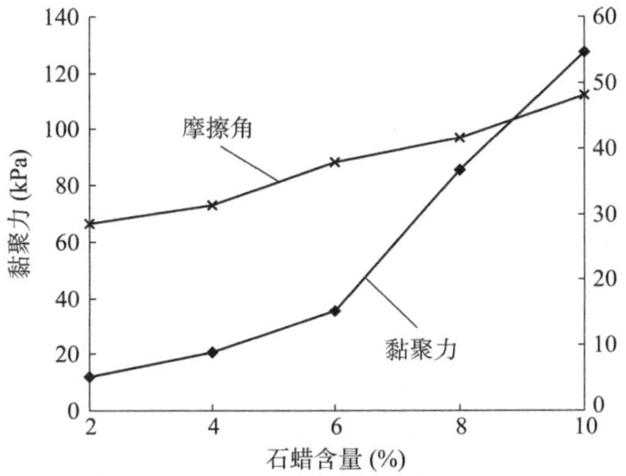

图 2-3 石蜡质量比与材料 c,φ 值的关系曲线

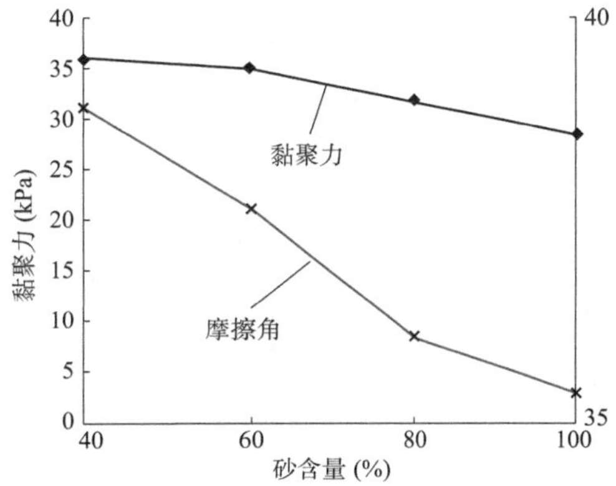

图 2-4 砂含量与材料 c、φ 值的关系曲线

由图 2-3 可知,随石蜡含量的增加,试件的内摩擦角呈平稳上升趋势,在石蜡含量增加到 6% 之前,试件的黏聚力缓慢增加;当石蜡含量在 6% ~10% 之间时,材料颗粒胶结性能随石蜡含量的增加而增加,从而试件的黏聚力呈显著增大趋势,说明在一定范围内,试件的黏聚力对石蜡含量的变化较为敏感。

由图 2-4 可知,随着砂含量的逐渐增加,试件黏聚力及内摩擦角均在逐渐缓慢减小。就整体趋势而言,砂含量越高,即重晶石粉含量越低,材料颗粒胶结密实性越差,导致黏聚力减小,内摩擦角也平稳下降。

4. 温度对相似材料性质的影响

以石蜡含量为 6% 的情况为例,测试了不同温度下相似材料的相关材料参数,见表 2-5。

不同温度下的材料参数 表 2-5

试件温度(℃)	抗压强度(MPa)	弹性模量(MPa)	黏聚力(kPa)	内摩擦角(°)
20	1.68	86.60	35.4	37.8
30	1.46	76.40	28.3	30.4
40	1.18	48.80	24.7	25.5
50	—	—	14.98	19.7
60	—	—	1.50	19.2
100	—	—	1.11	19.2

注:材料成分质量比:石蜡:细砂:重晶石粉 =6:56.4:37.6,当温度大于 50℃时,试件已经无法成型。

试验测得温度与试件黏聚力和内摩擦角的关系曲线如图 2-5 所示,温度与材料弹性模量和抗压强度的关系曲线如图 2-6 所示。

由图 2-5 可知,在一定范围内,随着材料温度增高,材料内部石蜡的黏聚力逐渐降低,当温度超过 40℃时,石蜡的黏聚力加速下降;当温度达到 60℃时,试件的黏聚力将趋于 0。由于试件内摩擦角受到黏聚力的影响,黏聚力降低的同时,材料颗粒间的摩擦力变小,使得内摩擦角变小。当温度在 20℃到 30℃之间时,石蜡的内摩擦角加速下降,然后缓慢下降;当温度上升到 60℃时,试件的黏聚力基本完全丧失,试件的内摩擦角趋于稳定。

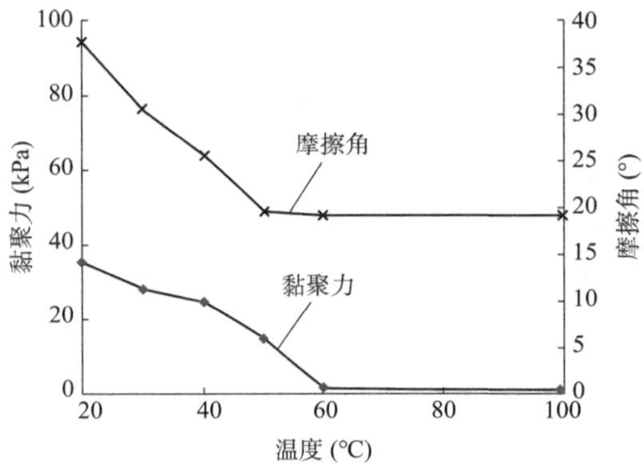

图 2-5 温度与材料 c、φ 的关系曲线

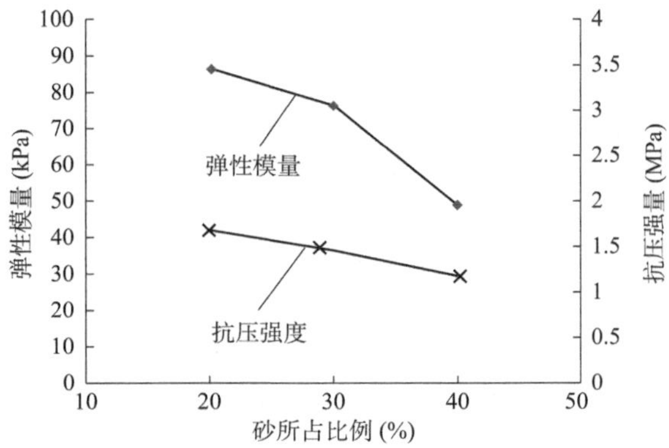

图 2-6 温度与材料 E、σ_t 的关系曲线

由图 2-6 可知，在一定范围内，随着材料温度增高，材料内部石蜡的黏聚力和内摩擦角同时降低，从而使得试件的抗剪强度和抗压强度降低。当温度超过 50℃时，由于石蜡的黏聚力丧失，试件已经基本无法成型，弹性模量在现有测量条件下无法测量。从图中可以看出，温度对抗压强度的影响与对弹性模量的影响基本一致，都是随温度的增加而缓慢降低。

5. 相似材料强度折减参数与理论折减参数对比

相似材料强度折减参数与理论折减参数对比见表 2-6。

相似材料强度折减参数与理论折减参数对比 表 2-6

相似材料（石蜡：细砂：重晶石粉 =6:56.4:37.6）	试件温度（℃）	20	30	40	50	60	100
	黏聚力（kPa）	35.4	28.3	24.7	15.0	1.50	1.11
	内摩擦角（°）	37.8	30.4	25.5	19.7	13.36	13.36
数值模拟材料	折减系数	1.00	1.20	1.40	2.00	—	—
	理论黏聚力（kPa）	35.4	29.5	25.3	17.7	—	—
	理论内摩擦角（°）	37.8	32.9	28.9	21.2	—	—

由表 2-6 可以看出，当温度小于或等于 50℃时，相似材料强度在相应温度条件下能够基本对应数值模拟中特定折减系数下的理论强度，即当温度分别为 20℃、30℃、40℃、50℃时，可以分别近似模拟强度折减系数为 1.00、1.20、1.40、2.00 下的材料强度状态。但当温度超过 50℃时，由于材料的自身特性，黏聚力逐渐趋于 0，而内摩擦角不再减小。这个在侧面反映出运用强度折减法需要注意的地方，即在运用强度折减法分析岩土工程时，岩土工程材料的强度不能够无限折减使强度趋向于 0，而是强度折减到一定合理范围后就不应再进行折减。

2.2.2 实现强度折减法实验设备的研制

由于相似材料的性质是由温度控制的，故为了能够精确控制相似材料的温度，试验研制了智能温度控制系统，以在试验过程中精确控制相似材料的温度。智能温度控制系统主要由加热线（铁氟龙电热丝，直径 1mm）、热电偶温度传感器以及高精度智能数显温度控制器组成，如图 2-7 所示。加热功率可以通过控制输入电压以及更改电热丝电阻来实现，加热线在埋置过程中需布置均匀且尽量不影响隧道开挖，温度控制器通过热电偶温度传感器控制加热线的通电。当温度达到试验温度设定值时，温度控制器会停止加热；当温度降低时，再重新加热以保证试验过程中温度稳定。该智能温度控制系统最大加热温度可加热至100℃，温度控制精度为±1℃。

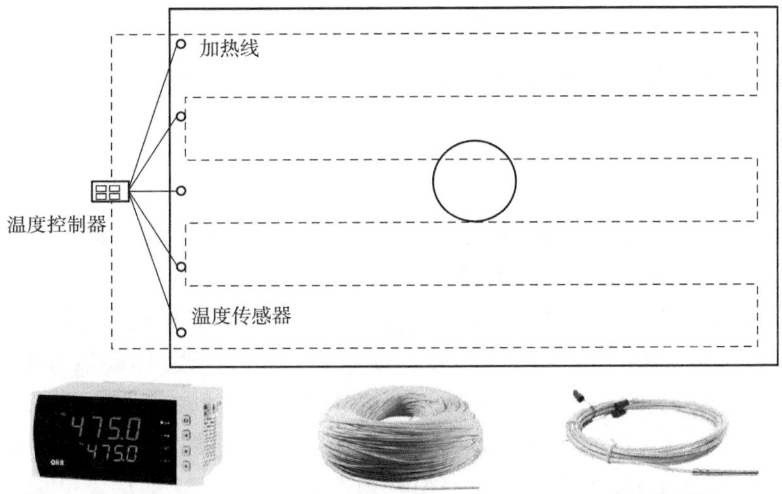

a) 温度控制器　　b) 加热线　　c) 温度传感器

图2-7　智能温度控制系统控制图

2.2.3　相似材料的线性热膨胀系数测定

由于相似材料在试验时需要加热，故不可避免地会在模型内部产生附加温度场，而对附加温度场的大小起决定性作用的就是相似材料的线性热膨胀系数。

当固体温度升高时，由于分子的热运动，固体微粒间距离增大，使固体膨胀。在常温下其线度随温度变化可用经验公式表示：

$$L_t = L_0(1 + \alpha t) \tag{2-3}$$

式中，α 为固体的线膨胀系数（1/℃）；L_0 为初始温度时物体的长度（m）。

试验表明，当温度变化较小时，α 可以看作一个常量，故式（2-3）可以表示为：

$$\alpha = \frac{L_t - L_0}{L_0 t} = \frac{\delta L / L_0}{t} \tag{2-4}$$

式中，δL 为在一定温度区间内试件的长度变化量。

通过式（2-4）可以看出，α 的实际物理意义为温度每升高1℃时，物体的相对伸长量。

当温度变化较大时，试件在不同的温度下的线膨胀系数可能会不相同，但是 α 与 t 有直接关系。当温度变化幅度较大时，根据试验数据，α 与 t 的关系可以表示为：

$$L_t = L_0(1 + at + bt^2 + ct^3 + \cdots) \tag{2-5}$$

$$\alpha = a + bt + ct^2 + \cdots \tag{2-6}$$

式中，a、b、c 等为常量。

在实际试验测量时，测得的是试件在某一温度 t_1 时长度 L_1 及温度升高到 t_2 时长度伸长

量 δL，根据式(2-3)可以推得：

$$L_1 = L_0(1+\alpha t_1) \tag{2-7}$$

$$L_1 + \delta L = L_0(1+\alpha t_2) \tag{2-8}$$

式(2-7)与式(2-8)联立，消去 L_0，得：

$$\alpha = \frac{\delta L}{L_1(t_2-t_1)-\delta L t_1} \tag{2-9}$$

当 t_1、t_2 相差较小时，由于 δL 和 L 相比可以忽略不计，此时 $L_1(t_2-t_1) >> \delta L t_1$，故此时式(2-9)可以简化为：

$$\alpha = \frac{\delta L}{L_1(t_2-t_1)} \tag{2-10}$$

由式(2-10)求得的 α 即为试件在温度 t_2-t_1 间的平均线膨胀系数。而在试验时，正确测量温度变化所引起的试件变化量 δL 是试验的关键。

为了能够精确测量试件的线热膨胀系数，试验中采用 PCY-D 低温膨胀系数测定仪。通过 PCY-D 低温膨胀系数测定仪可测得试样线变量、线膨胀系数、体膨胀系数、急热膨胀、软化温度以及它们的变化曲线。仪器试验温度测试范围为 0～200℃，能够由计算机控制自动升温，温控精度为 0.1℃且能够由系统自动进行补偿。测试试块为 10mm×10mm×20mm 的方形试块，分别对蜡含量为 4% 及 6% 的相似材料进行了测量，测量结果见表 2-7。

线膨胀系数测试结果统计 表 2-7

试件	蜡含量 4%		蜡含量 6%	
测项	温度(℃)	长度(mm)	温度(℃)	长度(mm)
初读数	20℃	20.000	20℃	20.000
1	25℃	20.008	25℃	20.010
2	30℃	20.010	30℃	20.014
3	35℃	20.013	35℃	20.017
4	40℃	20.017	40℃	20.023
5	45℃	20.020	45℃	20.027
6	50℃	20.026	50℃	20.034

由表 2-7 所示，试件在 20～50℃之间的变化量基本为线性变化，通过式(2-10)可计算出试件的线膨胀系数，见表 2-8。

试件线膨胀系数统计 表 2-8

试件	最小线膨胀系数	最大线膨胀系数	平均线膨胀系数
蜡含量 4%	2.00×10^{-5}	8.00×10^{-5}	4.33×10^{-5}
蜡含量 6%	3.00×10^{-5}	1.00×10^{-4}	5.67×10^{-5}

2.2.4 附加应力场对模型受力影响分析

由于本书中相似材料主要用于隧道开挖试验，故本分析以隧道开挖试验为例，通过数值模拟来分析材料受热膨胀对隧道开挖后的位移及应力影响。

计算采用有限差分元软件 FLAC 3D,模型尺寸为 $X \times Y \times Z = 5m \times 3m \times 0.5m$,隧道宽为 0.43m,高 0.28m,埋深 0.5m,模型共有 8690 个节点,4240 个单元,隧道开挖为全断面开挖,不设置支护,计算参数分别见表 2-9 和表 2-10。

不同温度下的材料计算参数 表 2-9

试件温度(℃)	抗压强度(MPa)	弹性模量(MPa)	黏聚力(kPa)	内摩擦角(°)
20	0.22	15.70	12.1	28.4
30	0.13	10.64	11.4	23.9
40	0.10	6.43	7.89	20.3
50	—	—	3.76	19.6

围岩热力学计算参数 表 2-10

导热系数[W/(m·℃)]	比热[J/(kg·℃)]	线膨胀系数(1/℃)
0.03	1500	5.67×10^{-5}

计算共分为两种工况:工况 1 为隧道开挖后,不考虑相似材料的热膨胀性,仅按照试件不同温度下的力学参数进行计算,分别计算隧道在 20℃、30℃、40℃、50℃下的位移及应力状态;工况 2 与工况 1 基本相同,但在不同温度下均考虑相似材料的膨胀特性,增加热-固耦合计算。

不同工况下隧道拱顶位移变化曲线如图 2-8 所示。隧道周边最大主应力变化见表 2-11。

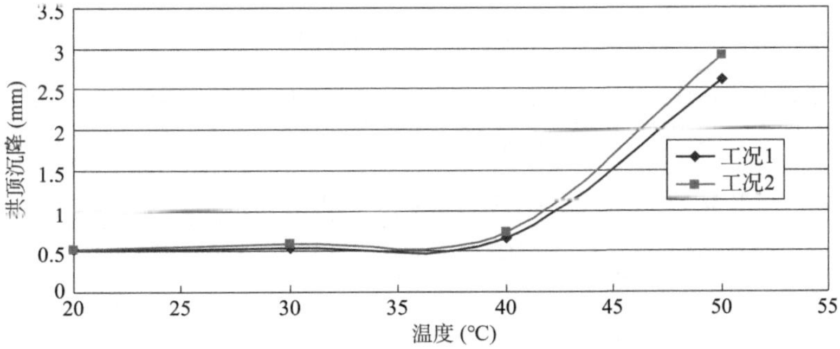

图 2-8 不同工况下随温度变化拱顶沉降曲线

不同工况下围岩最大应力统计 表 2-11

温度(℃)	工况 1 最大主应力(kPa)	工况 2 最大主应力(kPa)
30	46.7	46.8
40	36.7	36.9
50	29.7	30.1

由图 2-8 可以看出,由附加温度应力场增加而引起的附加位移约为不考虑温度应力场的 11%。由表 2-11 可以看出,由附加温度应力场增加而引起的附加应力约为不考虑温度应力场的 7%。故附加温度应力场对隧道位移及应力的影响在实际模型试验上是可以接受的,因此,本书中的计算不再考虑温度附加应力场的影响。

2.3 强度折减法在数值模拟与室内试验中的对比分析

2.3.1 室内模型说明

为验证强度折减相似材料及试验设备的正确性,进行了验证性试验。试验设备模型尺寸为高 × 长 × 宽 = 3m × 5m × 0.5m,隧道断面为红岩村地铁车站隧道断面,隧道拱顶覆土厚度为 50cm,试验时隧道拱顶位移通过预埋内部位移计测量,如图 2-9 所示。隧道开挖为全断面开挖,不设置支护,开挖完成后通过智能加热系统进行加热,每 10℃为一级,每一级保持约 12h 左右,直至隧道坍塌。

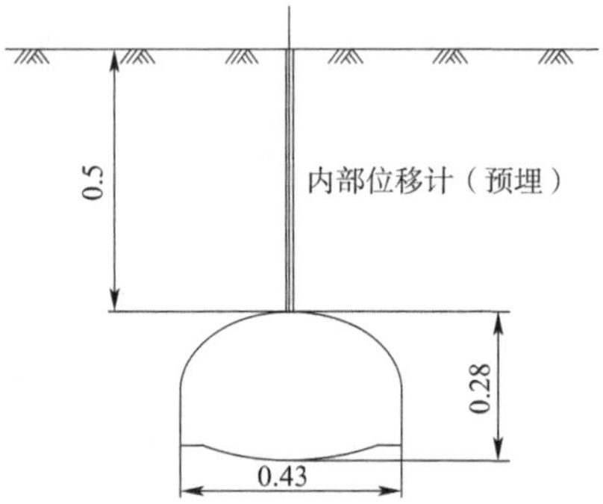

图 2-9 隧道断面及埋深尺寸图(尺寸单位:m)

围岩材料采用强度折减新型岩土工程相似材料(SRM 材料),其中石蜡:细砂:重晶石粉 = 2:58.8:39.2,不同温度下材料的力学参数见表 2-12。

不同温度下的材料参数 表 2-12

试件温度(℃)	抗压强度(MPa)	弹性模量(MPa)	黏聚力(kPa)	内摩擦角(°)	理论折减系数
20	0.22	15.70	12.1	28.4	1.0
30	0.13	10.64	11.4	23.9	1.2
40	0.10	6.43	7.89	20.3	1.4
50	—	—	3.76	19.6	2.0
60	—	—	1.50	19.2	—
100	—	—	1.11	19.2	19.2

注:材料成分质量比:石蜡:细砂:重晶石粉 = 2:58.8:39.2,当温度大于 50℃时试件已经无法成型,未测试材料泊松比。

2.3.2 数值计算说明

采用有限差分元软件 FLAC 3D 进行计算,计算模型尺寸与室内试验尺寸相同,隧道宽为 0.43m,高 0.28,埋深 0.5m,模型共有 8690 个节点,4240 个单元。计算模型如图 2-10(见彩插)所示。

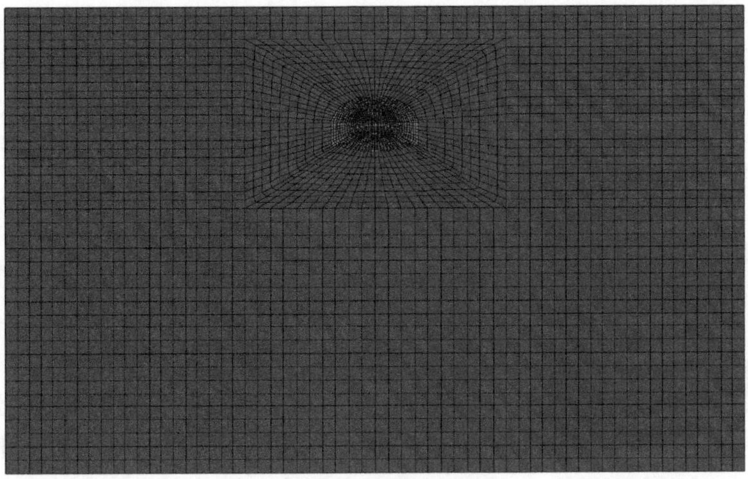

图 2-10　计算模型网格

计算共分为两种工况：

工况 1 为完全按照表 2-12 中材料参数进行计算，即计算中材料的弹性模量、泊松比、黏聚力及内摩擦角均改变。

工况 2 为按照一般强度折减法的计算方法，仅折减黏聚力及内摩擦角，且黏聚力与内摩擦角是按照理论公式[见式(2-1)、式(2-2)]折减，弹性模量与泊松比不随强度减少而减少。初始计算参数见表 2-13。

强度折减初始计算参数　　表 2-13

材料类型	重度(kN/m³)	弹性模量(MPa)	泊松比	黏聚力(kPa)	内摩擦角(°)
泥质砂岩	23.9	15.70	0.30	12.1	28.4

2.3.3　结果对比

由于 2.1.2 节中已经说明，本书中在强度折减法中判断失稳的判据为隧道拱顶位移的突变，且由于在试验及数值模拟中位移为最直观的物理量，也是室内模型试验中测量最简便、最为精确的参数，故分析中主要对比室内试验及数值模拟中的位移结果。

(1)数值模拟工况 1 与室内试验结果对比。

数值模拟中，工况 1 是完全按照室内试验的围岩变化参数进行模拟计算的，工况 1 与室内试验结果对比如图 2-11 所示。

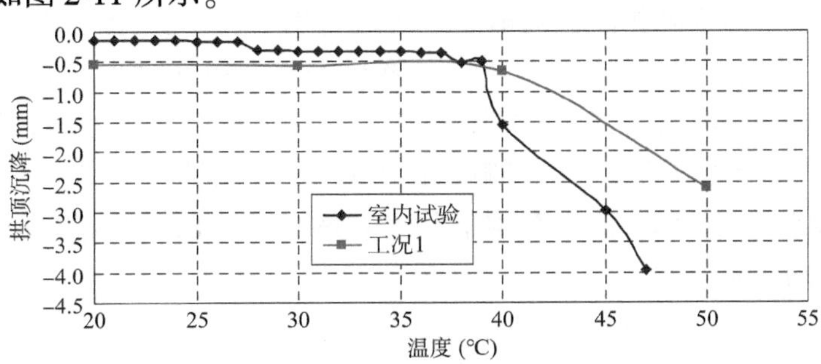

图 2-11　拱顶沉降对比图

由图 2-11 能够看出，数值模拟与室内试验位移基本吻合，且变化趋势也基本相同（工况 1 在 60℃时计算已经不收敛），均在 40℃左右时发生位移突变。按照位移突变作为围岩失稳的判据，此时隧道的安全系数可以被判定为 1.4。

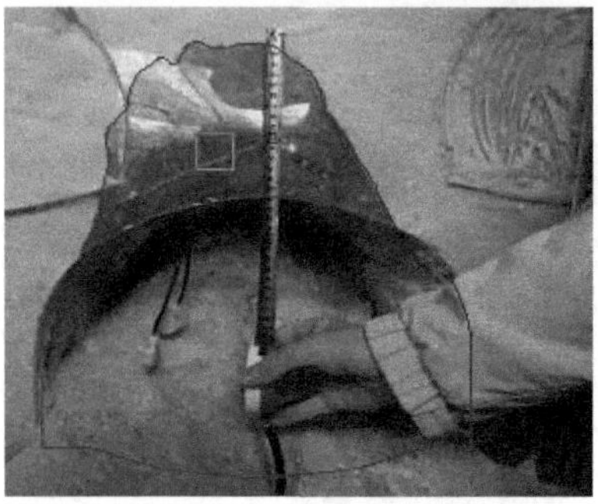

图 2-12　室内试验隧道破坏形态

对于室内试验，当加热至 40℃时，位移已经开始突然变大，但是隧道并未发生坍塌；当加热至 47℃左右时，隧道拱顶位移仍在增加，保持此温度 4h 左右，隧道拱顶突然发生塌方，如图 2-12（见彩插）所示，隧道塌方并未发展至地表，仅在拱顶上方产生高度为 13cm 左右的塌方。

（2）数值模拟工况 2 计算结果。

数值模拟工况 2 是通过数值模拟用强度折减法来计算隧道的理论安全系数，计算时按照 2.1.1 节中式（2-1）、式（2-2）折减黏聚力与内摩擦角，不折减弹性模量与泊松比。隧道拱顶沉降与折减系数关系如图 2-13 所示。

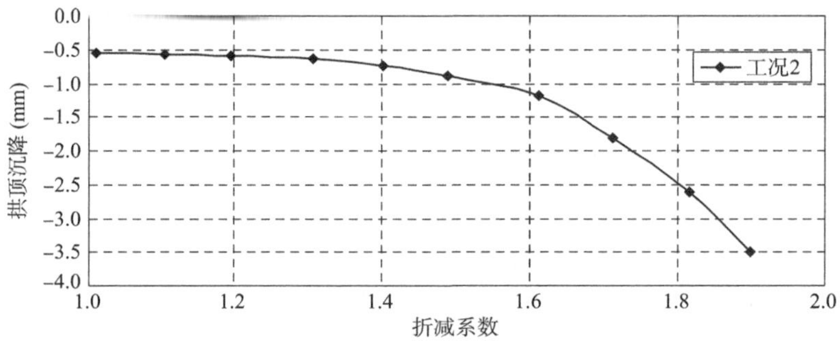

图 2-13　隧道拱顶沉降与折减系数关系

由图 2-13 可知，由强度折减法计算的隧道安全系数为 1.6，略大于室内试验所得到的安全系数 1.4。究其原因主要有两个：①数值模拟时，围岩仅为强度折减（只折减黏聚力与内摩擦角），弹性模量与泊松比并未折减，但是本书中 SRM 材料在黏聚力与内摩擦角降低的同时，弹性模量与泊松比也在同时降低，室内试验中弹性模量与泊松比的降低会使室内试验所得安全系数较数值模拟低；②数值模拟中，围岩材料均视为连续介质，但是室内试验中围岩材料在填装过程中不可避免地会产生不密实或者细纹裂隙，这些均会在不同程度上影响安全系数。

综上所述，对于利用强度折减法对隧道工程进行稳定性评价，围岩初始参数的取值是正确评价隧道稳定性的重中之重，它直接决定了隧道安全系数的大小。而围岩初始参数的取值不仅需要参考现场取样所得的地质参数，还需要一定工程经验对地质参数进行修正，以消除上述两种原因对安全系数所造成的影响。例如对于数值模拟的工况 2，如将初始计算参数的黏聚力及内摩擦角适当降低，便能基本消除上述两种因素的影响，以保证室内试验（实际工程）与数值模拟的吻合性。

第3章　城市复杂隧道群间围岩破坏机理

3.1　红岩村隧道群工程概况

3.1.1　工程概况

项目依托隧道工程位于重庆市红岩村、嘉陵江南岸。北接“三纵线”红岩村大桥，南端坡顶为居民小区，东侧为红岩村纪念馆，由于高速公路三纵线与重庆轨道交通5号线需要共用红岩村嘉陵江大桥穿越嘉陵江，故两条线路均无外移条件，需在红岩村处以规定高程穿过，连接红岩村嘉陵江大桥。

工程项目主要涉及轨道交通5号线，市政道路“三纵线”，梨菜铁路，此外，场区内还有其他地面规划道路及既有建(构)筑物。

隧道群主要集中在轨道交通5号线红岩村车站明暗分界至前方含车站约30m、区间约30m共约60m的范围。

1.既有近接工程现状

场地东侧为红岩村革命纪念馆，基于文物保护，给场地工程布局和施工带来了一定影响。

场地西侧为中石油过江燃气隧道(燃气管直径426mm)，进洞口位于红岩村站范围内，进洞口处地面标示明显，洞顶高程265.56m，洞底高程262m。据收集的燃气公司的隧道资料显示，隧道大致由南向北延伸，下穿嘉陵江后到达江北，需对其进行改建。

场地南侧坡顶为云栖谷住宅小区，目前除部分工程在建外，小区大部建筑已投入使用。协信云栖谷建筑群与轨道交通5号线红岩村站有关的建筑主要有两处：一处位于车站南端，地面高程314m左右，建筑物均采用嵌岩桩基础，基底高程301.5~303.5m，建筑物北侧设有挡土墙；另一处建筑物位于车站西侧，目前正在建设中，采用嵌岩桩基础。另外，场地南西侧一带平台，为云栖谷的户外休闲场地，地面建有一些休闲设施。

既有梨菜线铁路隧道为东西走向，轨面高程约228.5m，于南端穿越场地，该隧道目前已暂停使用。

2. 本期拟建工程概况

本期拟建工程为轨道交通 5 号线和三纵线，轨道 5 号线和三纵线同为南北向布置，5 号线在下，三纵线在上，采用公-轨两用桥跨越嘉陵江，要求两者同轴共线，加之场地条件限制，给区域内轨道 5 号线和三纵线整体布局带来了限制。整体方案采用“前段明挖共建和后段暗挖逐步分离”的方案。

3.1.2 隧道群空间位置关系

区域内隧道群涉及的隧道工程有：三纵线 4 座隧道（含左线正洞、右线正洞、A 匝道和 B 匝道）、5 号线红岩村车站隧道、梨莱铁路红岩村隧道（已封堵）。其空间位置关系如图 3-1 所示。

图 3-1　隧道群位置关系图

重庆市快速路三纵线红岩村段位于轨道交通 5 号线红岩村车站之上，南北向行进，三纵线与轨道 5 号线共用红岩村大桥，跨越嘉陵江，受红岩村大桥高程及平面线位限制，三纵线 4 座隧道（含左线正洞、右线正洞、A 匝道和 B 匝道）位于轨道 5 号线红岩村车站隧道之上，其中两座 3 车道大断面正洞隧道位于轨道 5 号线红岩村车站隧道左右拱肩，最小净距约为 2m，三隧道依次呈交错关系，且长距离紧贴、并行。

5 号线红岩村车站地处山腰位置，北端接红岩村大桥并紧邻红岩村革命纪念馆景区，受桥梁纵坡限制，无外移条件，红岩村车站隧道为半明半暗状态，暗挖段为大跨车站隧道。方案优化时将两个设备洞室调整至明挖段，改善了三纵线与 5 号线之间的空间关系。

梨莱铁路红岩村隧道位于 5 号线红岩村车站隧道暗挖段下方，与 5 号线车站隧道仰拱净距约 1.2m，与 5 号线车站明挖底部边墙最小净距约为 4.7m。

由于地铁车站及三纵线隧道断面均较大，各隧道埋深及断面情况见表 3-1。

隧道工程参数统计　　表 3-1

隧道	埋深(m)	宽(m)	高(m)	开挖面积(m^2)	所处地质条件
红岩村地铁车站隧道	26.8 ~ 35.7	21.3	14.1	389.3	拱顶拱腰处为砂岩、其他部位为泥质砂岩
红岩村地铁车站风道	30.0 ~ 39.7	12.0	9.7	146.8	全部处于泥质砂岩中
三纵线左侧主隧道	17.0 ~ 22.9	16.5	11.4	148.4	小部分处于回填土中，大部分处于泥质砂岩中
三纵线右侧主隧道	17.0 ~ 20.7	16.5	11.4	152.9	小部分处于回填土中，大部分处于泥质砂岩中
A 匝道	11.5 ~ 27.3	11.2	9.9	71.8	小部分处于回填土中，大部分处于泥质砂岩中
B 匝道	12.4 ~ 31.9	11.2	9.9	76.5	小部分处于回填土中，大部分处于泥质砂岩中
梨菜铁路隧道(既有，已封堵)	45.8 ~ 62.4	5.0	6.6	40.6	全部处于泥质砂岩中

3.1.3　隧道群工程地质概况

勘察区出露的岩层为河湖相碎屑岩沉积建造，由砂岩 ~ 泥质砂岩不等厚沉积组成。出露的地层由上而下依次可分为第四系全新统人工填土层(Q_4^{ml})、残坡积层(Q_4^{el+dl})和侏罗系中统沙溪庙组(J_2s)沉积岩层。各层岩土特征分述如下。

1. 人工填土(Q_4^{ml})

素填土：紫褐色、灰褐色，由黏性土以及砂、泥岩碎块石等组成，碎块石含量为 15% ~ 40%，粒径 20 ~ 500mm，结构一般为松散 ~ 稍密状，厚度一般为 10 ~ 20m，钻孔揭示最大厚度 37.2m，堆积方式为任意抛填，堆填时间 5 年左右。

2. 残坡积层(Q_4^{el+dl})

粉质粘土：褐黄色，可塑 ~ 软塑。稍有光滑，摇振反应无，干强度中等，残坡积成因，厚度一般为 2.0 ~ 5.0m，钻孔揭示最大厚度 7.30m，主要分布在场地中部地势低洼地带。

3. 侏罗系中统沙溪庙组(J_2s)

泥质砂岩：紫红色、褐红色，粉砂泥质结构，中厚层状构造。表层强风化带，厚度一般为 0.5 ~ 1.5m，局部可达 3.0m，强风化岩心呈碎块状，风化裂隙发育；中风化岩心呈柱状、长柱状，整个场地内均有分布。岩体较完整，属软岩 ~ 软质岩，岩体基本质量等级为Ⅳ级。

砂岩：灰色 ~ 灰白色，中细粒结构，中厚 ~ 厚层状构造，泥钙质胶结。主要矿物成分有长石、石英及云母等。砂岩强风化层厚度为 1 ~ 1.5m，强风化岩心多呈黄色、黄灰色，碎块状、短柱状，风化裂隙发育；中风化岩心呈柱状、长柱状，裂隙较发育 ~ 不发育，岩体较完整，属软质岩，岩体基本质量等级为Ⅲ级。

隧道穿越原始冲沟的填土层及强风化层附近段，地下水在隧道高程以下，主要受松散层类孔隙水补给，以渗入水为主，受大气降雨补给的影响地下水水量较大且集中；隧道穿越沙溪庙组中风化沉积岩层段地下水进入隧道的水量不大，主要以裂隙水淋滤形式为主，局部存在小股状裂隙水涌水。

地铁车站穿越梨菜铁路段及地铁车站风道段地质情况分别如图3-2(见彩插)、图3-3(见彩插)所示，隧道群主要处于粉质砂岩地层中，且隧道群夹岩部分也处于砂岩地层中，物理力学参数见表3-2。

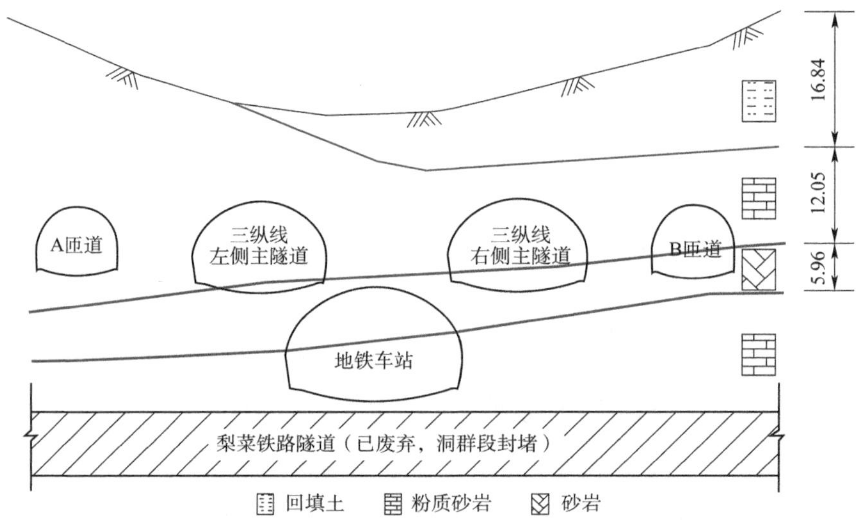

图3-2　梨菜铁路隧道段围岩地质情况(尺寸单位:m)

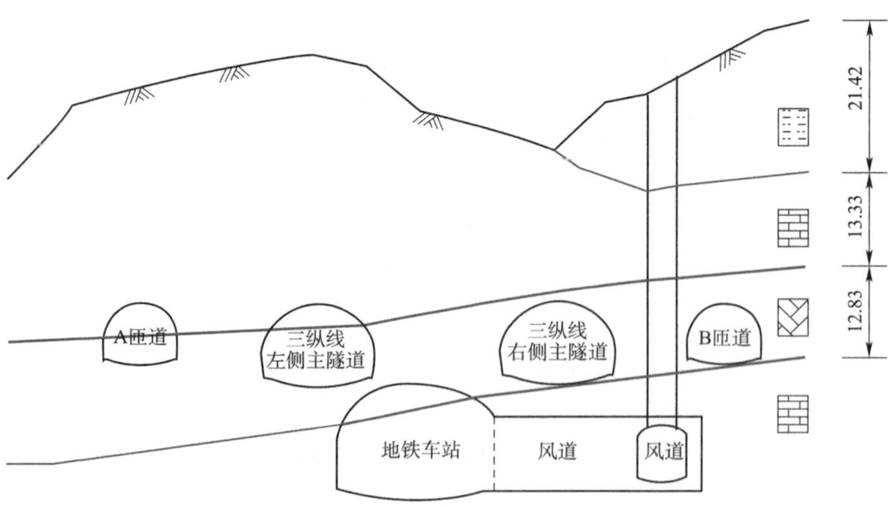

图3-3　风道隧道段围岩地质情况(尺寸单位:m)

物理力学设计参数建议值 表 3-2

<table>
<tr><th colspan="2">岩土参数</th><th>素填土</th><th>粉质黏土</th><th>泥质砂岩</th><th>砂岩</th><th>结构面</th></tr>
<tr><td colspan="2">饱和重度(kN/m^3)</td><td>21 *</td><td>20.0</td><td>23.9</td><td>25.2</td><td>—</td></tr>
<tr><td colspan="2">黏聚力(kPa)(饱和状态)</td><td rowspan="2">25(综合)*</td><td>15.6</td><td>784</td><td>2121</td><td>40 *</td></tr>
<tr><td colspan="2">内摩擦角(°)(饱和状态)</td><td>8.9</td><td>30</td><td>42.0</td><td>18 *</td></tr>
<tr><td colspan="2">岩体破裂角(°)</td><td>—</td><td>—</td><td>61.8</td><td>66.0</td><td>—</td></tr>
<tr><td colspan="2">地基承载力基本值 σ_0(kPa)</td><td>—</td><td>—</td><td>800</td><td>2500</td><td>—</td></tr>
<tr><td rowspan="2">抗压强度标准值(MPa)</td><td>天然</td><td>—</td><td>—</td><td>13.2</td><td>50.3</td><td></td></tr>
<tr><td>饱和</td><td>—</td><td>—</td><td>8.1</td><td>38.2</td><td>—</td></tr>
<tr><td colspan="2">抗拉强度(kPa)</td><td>—</td><td>—</td><td>196</td><td>628</td><td>—</td></tr>
<tr><td colspan="2">变形模量(MPa)</td><td>—</td><td>—</td><td>1116</td><td>5451</td><td>—</td></tr>
<tr><td colspan="2">弹性模量(MPa)</td><td>—</td><td>—</td><td>1420</td><td>6892</td><td>—</td></tr>
<tr><td colspan="2">泊松比</td><td>—</td><td>—</td><td>0.35</td><td>0.10</td><td>—</td></tr>
<tr><td colspan="2">M30 砂浆与岩石的黏结强度(MPa)</td><td>—</td><td>—</td><td>0.20</td><td>0.35</td><td>—</td></tr>
<tr><td colspan="2">基底摩擦系数</td><td>—</td><td>—</td><td>0.40</td><td>0.55</td><td>—</td></tr>
<tr><td colspan="2">弹性抗力系数(MPa/m)</td><td>—</td><td>—</td><td>200</td><td>500</td><td>—</td></tr>
<tr><td colspan="2">围岩与圬工的摩擦系数</td><td>—</td><td>—</td><td>0.45</td><td>0.55</td><td>—</td></tr>
</table>

注:带“*”的参数根据经验取值。

3.1.4 工程难点

本隧道群涉及隧道数量多,近接程度高,隧道纵横交错,单个隧道及总体隧道群规模大,工程风险高,工程主要有以下难点:

(1)隧道开挖面积大。地铁车站隧道开挖面积为 $389.3m^2$,三纵线主隧道开挖面积 $152.9m^2$。

(2)局部洞群高度密集。由于地形及共用嘉陵江大桥限制,三纵线 4 座隧道(含左线正洞、右线正洞、A 匝道和 B 匝道)及 5 号线红岩村车站隧道均布置在有限空间之内。

(3)隧道近接距离小,近接形式多样。两座 3 车道大断面正洞隧道位于轨道 5 号线红岩村车站隧道左右拱肩,最小净距约为 2m,三座隧道依次呈交错关系,且长距离紧贴、并行。

3.2 城市复杂隧道群破坏机理及近接影响分区

一般情况下,隧道的荷载主要来自围岩的重力,在隧道未开挖时,围岩处于应力平衡状态,由于隧道的开挖,原来的应力平衡状态被打破,围岩应力进行重新分布以平衡由于隧道开挖而产生的卸载作用。由于围岩的应力重分布,致使围岩周边受力产生变化,从而引起围岩的变形甚至破坏。而由于隧道的荷载主要来自围岩的重力,隧道开挖后围岩的破坏形态会随着埋深的不同而不同。当在同一区域开挖多个隧道时,由于多个隧道的开挖使围岩应力进行了多次重新分布及隧道的不同近接关系,从而使每个隧道的破坏机理不同。

3.2.1 基于安全系数的单个隧道破坏机理研究

按照 Terzaghi 理论,浅埋隧道的破坏形态一般是沿着破裂角整体坍塌,直至地表。若定义破裂角为滑移面与水平面之间的夹角,则破裂角越大,波及的地表范围越小,显然,对于这种破坏方式,支护应以刚性要求为主。随着埋深的增加,由于自然拱作用,破坏不可能一直无限制地发展到地表,理论上存在一个临界深度,超过临界深度后,即发生典型的深埋破坏形态,临界深度的确定存在一定困难,主要与围岩性质、洞室形状和大小等因素有关。在我国现行铁路、公路隧道设计规范中,隧道深、浅埋的划分是以松弛荷载为基础,并具有统计上的意义,充分考虑围岩的自承能力。本节分别对三纵线主隧道、红岩村地铁车站隧道未设置支护条件下的破坏形态及稳定性进行分析评价。

1. 数值计算说明

根据2.1.2 节所确定的隧道断面建立计算模型,如图 3-4(见彩插)所示。计算范围左右各取 80m,仰拱以下取值 80m,拱顶以上覆土按照实际埋深取值,计算埋深分别按照 3.1 节中梨菜铁路隧道段(图 3-2)和风道隧道段(图 3-3)各隧道的实际埋深取值。三纵线左侧主隧道分别取 17.0m、35.1m;地铁车站隧道分别取 26.8m、44.0m。

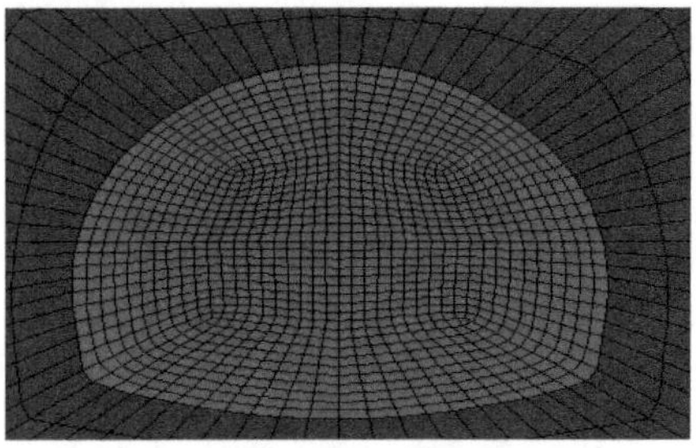

a) 三纵线主隧道

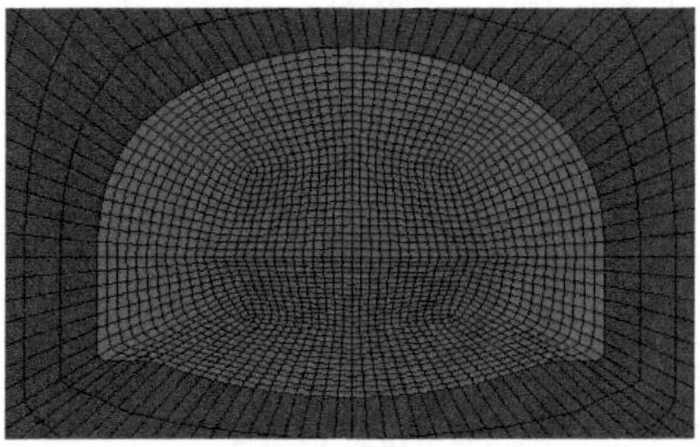

b) 地铁车站隧道

图 3-4 计算模型

地层物理力学参数的取值是强度折减法中最重要的部分,只有正确取得地层的真实参数,才能正确地评价围岩稳定性。隧道群所处地层绝大部分位于泥质砂岩地层,间歇式夹有厚度较薄的砂岩,为提高安全富裕度及简化模型,计算时认为围岩均为泥质砂岩。泥质砂岩结构性差,抗压强度较低且遇水容易快速软化,并且在实际施工中,由于未认识到其结构面的结合情况,多次出现隧道施工事故。结合地质勘察资料及重庆市多年来的设计及施工经验,泥质砂岩物理力学指标见表 3-3。

围岩物理力学指标 表 3-3

材料类型	黏聚力(kPa)	内摩擦角(°)	弹性模量(MPa)	泊松比	重度(kN/m^3)
泥质砂岩	500.00	28.5	1420.00	0.35	23.9

2. 数值计算结果及室内试验结果对比分析

(1)梨菜铁路隧道段。

计算采用强度折减法,对隧道的拱顶及边墙位移进行监测,三纵线主隧道及地铁车站隧道监测点位移与强度折减系数如图 3-5、图 3-6 所示。

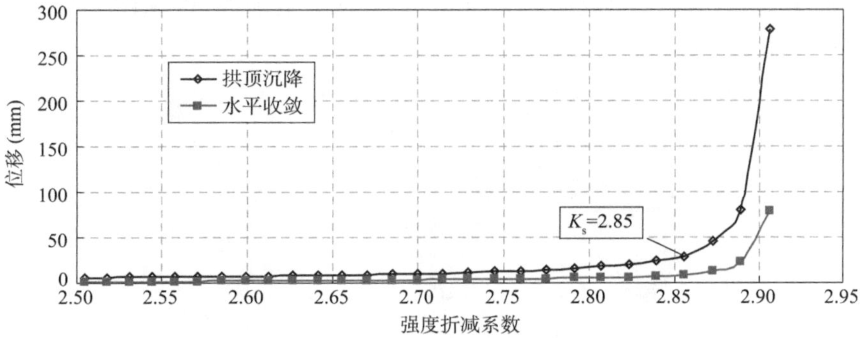

图 3-5　三纵线主隧道监测点位移与强度折减系数曲线

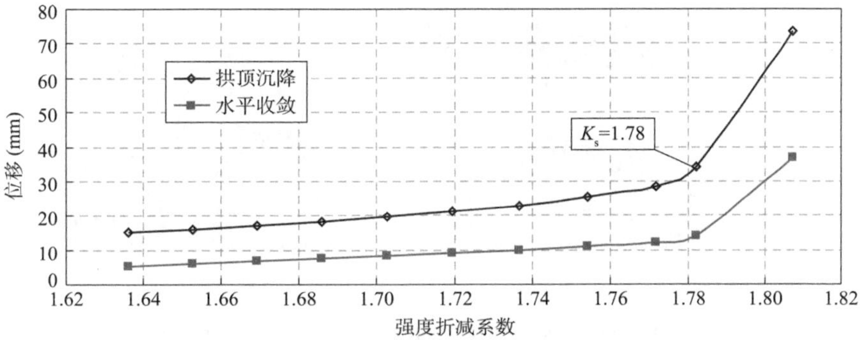

图 3-6　地铁车站隧道监测点位移与强度折减系数曲线

三纵线主隧道强度折减系数大于 2.85，拱顶沉降及水平收敛均发生了不同程度的突变；地铁车站隧道强度折减系数大于 1.78，拱顶沉降及水平收敛均发生了不同程度的突变。即可以认为三纵线主隧道的安全系数为 2.85，地铁车站隧道的安全系数为 1.78，单独开挖三纵线主隧道或地铁车站主隧道能够基本保证不会发生隧道失稳。

前文中提到，强度折减法不仅能够定量地评价围岩稳定性，还能够同时获得围岩的破坏形态，从而可以有针对性地进行支护设计。大量的隧道施工实践表明，隧道围岩破坏最主要的力学机理是隧道开挖后，不利的应力状态使隧道周边围岩产生剪切屈服，从而出现塑形流动状态，故可以通过等效塑性应变来判断围岩的破坏形态。郑颖人、江权等都对通过等效塑形应变判断围岩破坏面进行了研究，认为等效塑形应变能够较好地反应围岩破坏情况，尤其对于隧道群的围岩失稳问题。等效塑形应变计算公式见式(3-1)，由于在 FLAC 3D 中，摩尔库仑准则无法提取等效塑性应变，故本书利用 FLAC 3D 中的 FISH 语言，利用公式(3-1)，自编程序，实现等效塑形应变的计算与显示。

$$\bar{\varepsilon}^{p}=\sqrt{\frac{2}{3}\left(\varepsilon_1^{p}\varepsilon_1^{p}+\varepsilon_2^{p}\varepsilon_2^{p}+\varepsilon_3^{p}\varepsilon_3^{p}\right)} \tag{3-1}$$

式中，$\bar{\varepsilon}^{p}$ 为等效塑性应变；ε_1^{p}、ε_2^{p}、ε_3^{p} 分别为第 1、2、3 塑形主应变。

由图 3-7(见彩插)、图 3-8(见彩插)可以看出，基于强度折减法计算的围岩破裂面与室内试验的围岩破裂面基本吻合。对于三纵线主隧道，其埋深仅有 17m，故围岩破坏呈现浅埋破坏形态,由边墙开始破坏逐步发展至地表。对于地铁车站隧道,其埋深为 26.8m,围岩破坏主要呈现深埋破坏形态,边墙及拱顶有破坏,并未发展至地表,但从图 3-8a)中可以看出,其破坏形态有向地表发展的趋势。

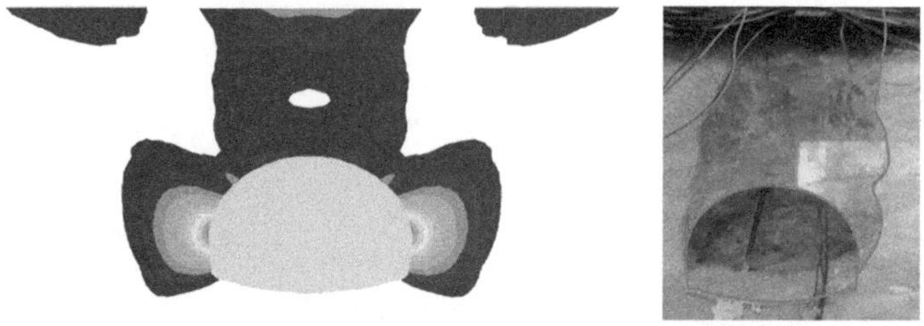

a) 数值计算　　b) 室内试验

图 3-7　三纵线主隧道数值模拟与室内试验极限破裂面对比

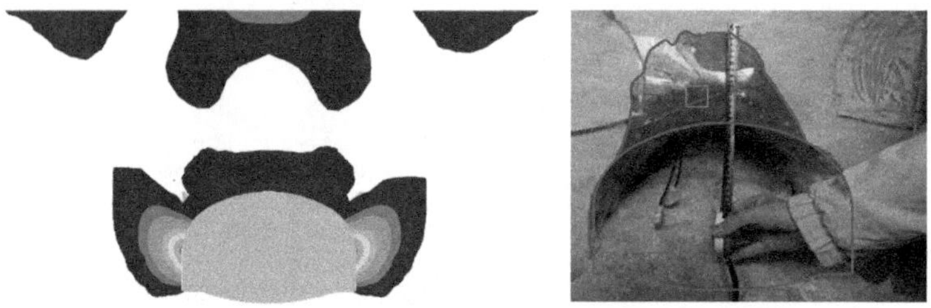

a) 数值计算　　b) 室内试验

图 3-8　地铁车站隧道数值模拟与室内试验极限破裂面对比

(2)风道隧道段。

计算采用强度折减法,对隧道的拱顶及边墙位移进行监测,三纵线主隧道及地铁车站隧道监测点位移与强度折减系数如图 3-9、图 3-10 所示。

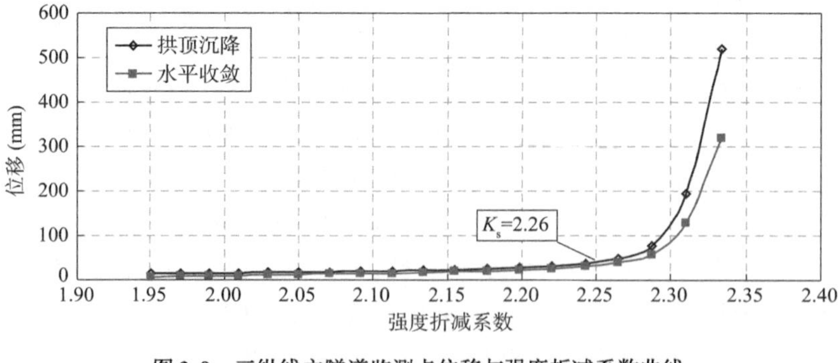

图 3-9　三纵线主隧道监测点位移与强度折减系数曲线

三纵线主隧道强度折减系数大于 2.26,拱顶沉降及水平收敛均发生了不同程度的突变;地铁车站隧道强度折减系数大于 1.53,拱顶沉降及水平收敛均发生了不同程度的突变。即可以认为三纵线主隧道的安全系数为 2.26,单独开挖三纵线主隧道能够保证其不会发生隧道失稳;地铁车站主隧道的安全系数为 1.53,单独开挖地铁车站主隧道也能够基本保证围岩稳定。两个隧道的围岩破裂面分别如图 3-11(见彩插)和图 3-12(见彩插)所示。

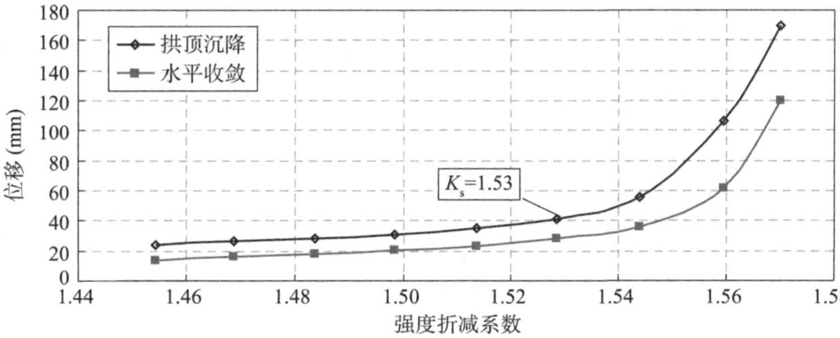

图 3-10 地铁车站隧道监测点位移与强度折减系数曲线

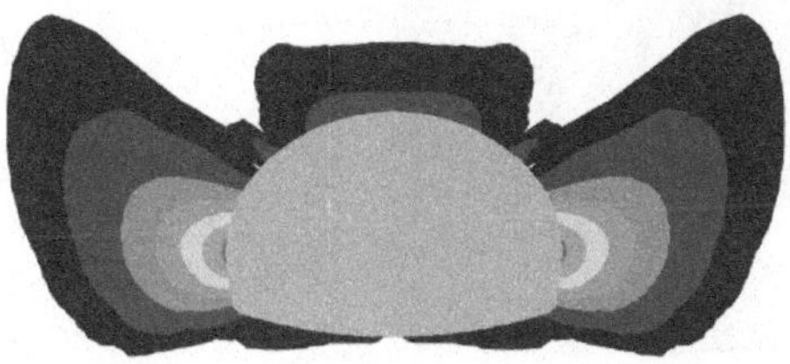

图 3-11 三纵线主隧道极限围岩破裂面

图 3-12 地铁车站隧道极限围岩破裂面

由图 3-11、图 3-12 可以看出，对于三纵线主隧道，其埋深为 35.1m，故围岩破坏呈现深埋破坏形态，主要为边墙破坏，拱顶也出现部分破坏。对于地铁车站隧道，其埋深为 44m，围岩破坏主要呈现深埋破坏形态，主要为边墙破坏，拱顶也出现部分破坏。

3.2.2 基于安全系数的隧道群近接影响分区

通过对隧道开挖引起的地层中应力重分布的研究可以看出，隧道开挖引起的围岩应力重分布仅局限在一定范围，在离隧道开挖周边较近的地方应力集中度高，在离隧道开挖周围较远的地方应力集中度低，越远影响越小。由此可见，隧道开挖对周边产生的影响仅局限在一定范围内，我们把这个影响区域叫作“影响区”。一般来讲，影响区的大小主要受地应力、隧道尺寸、隧道之间的间距和开挖顺序等因素影响。多个隧道的近接影响已经被许多学者进行了研究，他们通过数值模拟或者现场测量近接隧道施工所产生的附加位移、围岩应力及塑性区来判定近接隧道之间的相互影响。但是由于地下工程的复杂性，现今并未形成一个统一的定量评判近接隧道相互影响的方法。

本节通过引入强度折减法计算近接隧道群极限状态时的安全系数，以安全系数定量评价近接隧道之间的相互影响，通过安全系数引入隧道近接度，对隧道近接程度进行评价，且通过改变隧道之间的间距及相对位置找出基于安全系数的等直线场来划分影响分区。

1. 隧道近接影响分区准则

在地下工程中，多个隧道开挖卸载的重复交叉影响会使围岩应力反复调整，在围岩间形成一个与隧道空间结构密切相关的应力场，特别是对于多个隧道近接时，不同的隧道开挖顺序可能会改变围岩的破坏机理及影响最终围岩的稳定性，且最终体现在隧道安全系数上。以梨莱铁路段三纵线左侧主隧道以及三纵线右侧主隧道为例，隧道埋深为 16m，计算两个隧道在不同距离下安全系数的变化，计算工况如图3-13所示，数值模型如图3-14(见彩插)所示，模型包含31896个单元和64963个节点。计算时隧道为全断面开挖，不设置支护。围岩服从摩尔库仑准则，计算参数见表3-3。

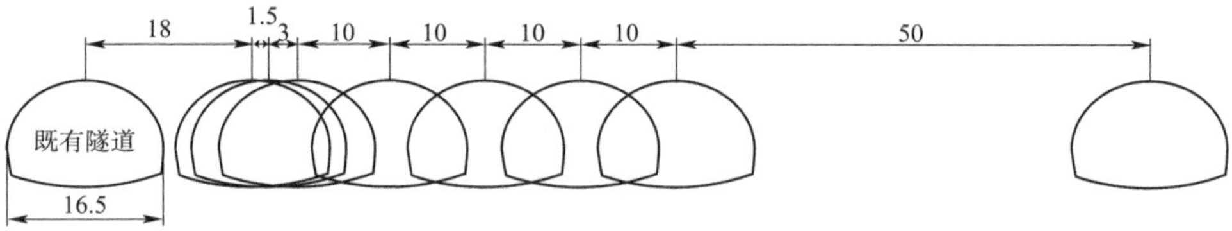

图3-13　计算工况示意图(尺寸单位：m)

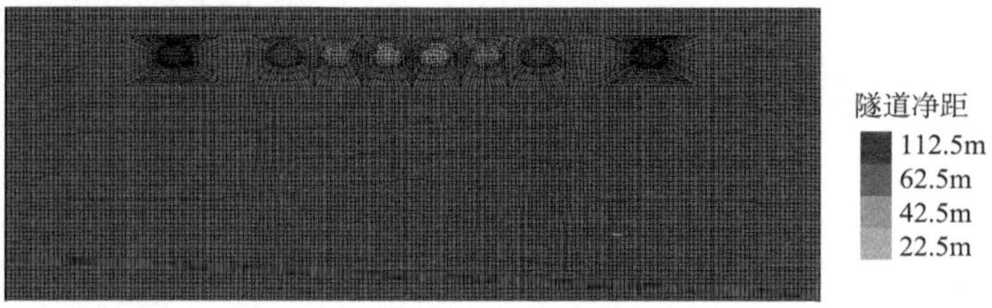

图3-14　计算模型(部分工况)

首先计算单个隧道下隧道的安全系数，然后再计算两个隧道在不同间距下(拱顶至拱顶距离分别为18m、19.5m、22.5m、32.5m、42.5m、52.5m、62.5m、112.5m)的安全系数，通过对比在单洞及双洞条件下安全系数的变化，判断不同距离下新建隧道对既有隧道的影响。

通过对多个工况进行计算，统计不同工况下的安全系数及在极限坍塌状态时隧道的破坏形态，如图3-15(见彩插)所示。单个隧道时安全系数为2.85。当两个隧道距离为1.5m时，安全系数为0.83；距离为3m时安全系数为0.98；距离为6m安全系数为1.65；距离为16m时，安全系数为2.17；距离为26m时安全系数为2.58；距离为36m时，安全系数为2.79；距离为46m时，安全系数为2.85；距离为106m时，安全系数为2.85。从两个隧道极限坍塌状态时的破坏模式也能看出，当两个隧道距离逐渐增加时，隧道的坍塌模式由两个隧道整体坍塌逐渐变成分离坍塌，且最终坍塌形态与单个隧道坍塌形态一致。当隧道距离的宽度逐渐增加时，两个隧道开挖导致的夹岩应力集中效应也越来越弱，最终两个隧道的开挖已经不再相互影响。即两个隧道之间的相互影响可以通过安全系数的变化来定量判定，并且通过安全系数的变化值来确定多隧道施工的相互影响程度，划分隧道近接影响分区。

当安全系数小于1时可以认为隧道处于不稳定状态(坍塌)，安全系数大于1时隧道处于稳定状态，故通过新建隧道开挖对既有隧道安全系数的影响，可以将隧道近接施工影响分区进行如下定义：

(1)多个隧道整体安全系数(FoS_G)等于单个隧道的安全系数(FoS_{ST})时，即$FoS_G = FoS_{ST}$，隧道之间不会产生影响，认为此时新建隧道对既有隧道无影响。

(2)当$1 < FoS_G < FoS_{ST}$时，隧道之间产生微弱不利影响，但影响较小不会导致既有及新建隧道坍塌(不稳定)，认为此时新建隧道对既有隧道弱影响。

(3)当$FoS_G < FoS_{ST} < 1$时，隧道之间产生较大不利影响，且影响较大导致既有及新建隧

道坍塌(不稳定),认为此时新建隧道对既有隧道强影响。

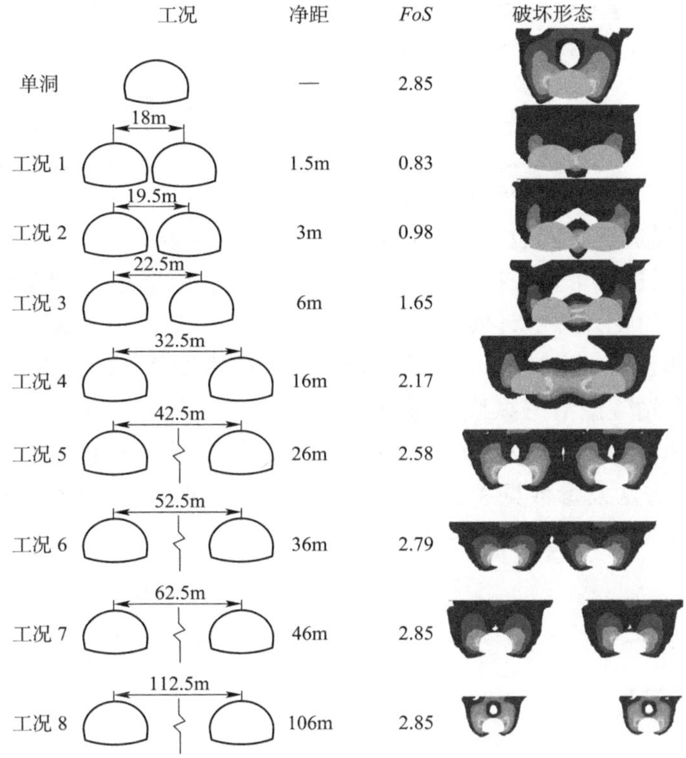

图 3-15　各种工况计算结果统计

通过安全系数的变化以及以往影响区的判定标准,提出近接施工影响分区标准见表 3-4。

隧道近接施工影响分区标准　　表 3-4

影响区划分	*FoS* 判定准则 (无支护条件下)	特征	对策
A-强影响区	$FoS_G < FoS_{ST} < 1$	新建隧道对既有隧道有影响,通常会产生危害	必须从设计及施工方法上采取措施,并根据既有隧道支护的强度、变形量等来研究影响程度,采取相应措施。同时对既有隧道和新建隧道进行测量管理
B-弱影响区	$1 < FoS_G < FoS_{ST}$	新建隧道对既有隧道有影响,但影响较弱,通常不会产生危害,但需注意	一般以采用合适的施工方法为对策,并根据既有隧道支护的强度、变形量等来推定容许值,再决定是否采取其他措施。为施工安全,要对既有隧道和新建隧道进行量测管理

续上表

影响区划分	FoS 判定准则（无支护条件下）	特征	对策
C-无影响区	$FoS_G = FoS_{ST}$	一般不需要考虑新建隧道对既有隧道的影响	一般不需要采取附加措施

2. 城市隧道群近接施工影响分区的建立

为探究本工程隧道群不同位置关系时的相互影响程度及安全系数分布，通过改变三个隧道的相对位置关系进行了多工况计算。由于同时改变三个隧道的相互位置关系会使计算工况较为复杂，故做简化计算。计算时固定三纵线左侧主隧道与三纵线右侧主隧道之间的间距不变（参照初步设计，两个拱顶之间距离为 28.3m，净距为 11.8m），仅改变地铁车站隧道的位置，使地铁车站隧道沿三纵线主隧道拱顶连线的中点变化位置，考虑到对称性，布置了 0°（水平方向）、30°、45°、60°、90°（竖直方向）五个角度，每个角度布置 4 ~ 5 个点位，如图 3-16 所示。计算方法及参数见 3.2.2，部分计算模型如图 3-17（见彩插）所示。

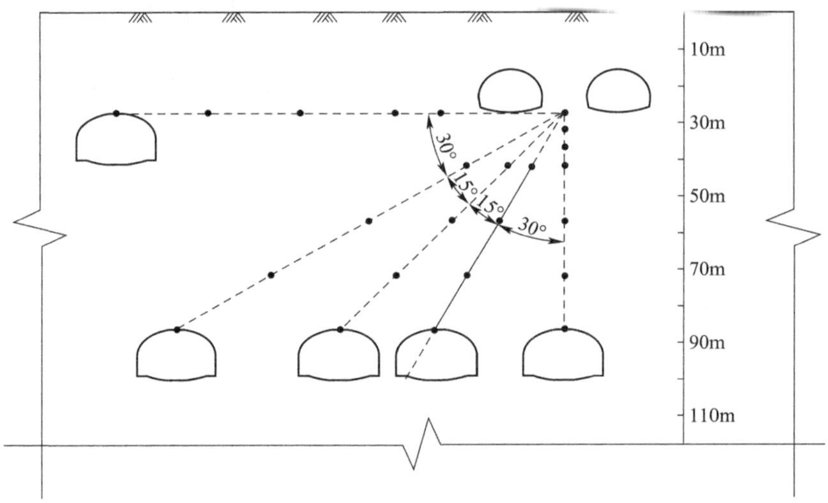

图 3-16　计算工况示意图

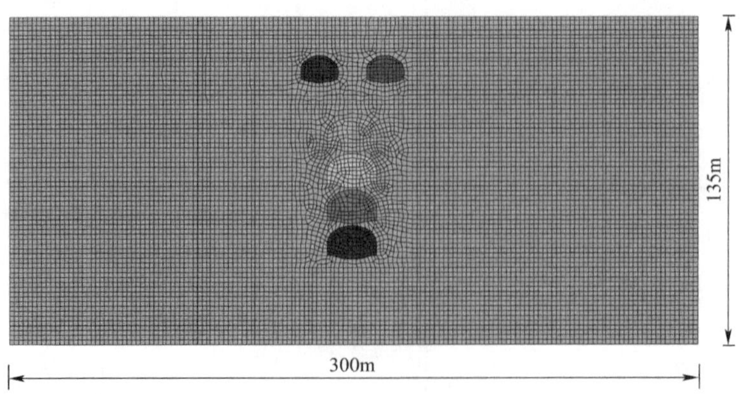

图 3-17　计算模型之一（90°工况）

通过对比计算,三个隧道在不设置支护时按照不同顺序分别开挖与同时开挖的最终安全系数基本相同,故可以得到三个隧道同时全断面开挖时的隧道群整体安全系数。

计算时分别记录三个隧道周边最大位移点随强度折减系数的变化,分别找到三个隧道的安全系数,最终隧道群安全系数为:

$$FoS_{G} = \min(FoS_{SS}, FoS_{HT-L}, FoS_{HT-R}) \tag{3-2}$$

式中,FoS_G 为隧道整体安全系数;FoS_{SS}、FoS_{HT-L}、FoS_{HT-R} 分别为地铁车站隧道、三纵线左侧主隧道、三纵线右侧主隧道安全系数。

通过计算对比发现,在本书计算工况中 FoS 多取为 FoS_{SS},即地铁车站隧道的安全系数决定着隧道群的整体安全系数。

根据计算结果,隧道群整体安全系数(FoS)沿 0°、30°、45°、60°、90°五个角度由近及远的分布规律如图 3-18 所示。

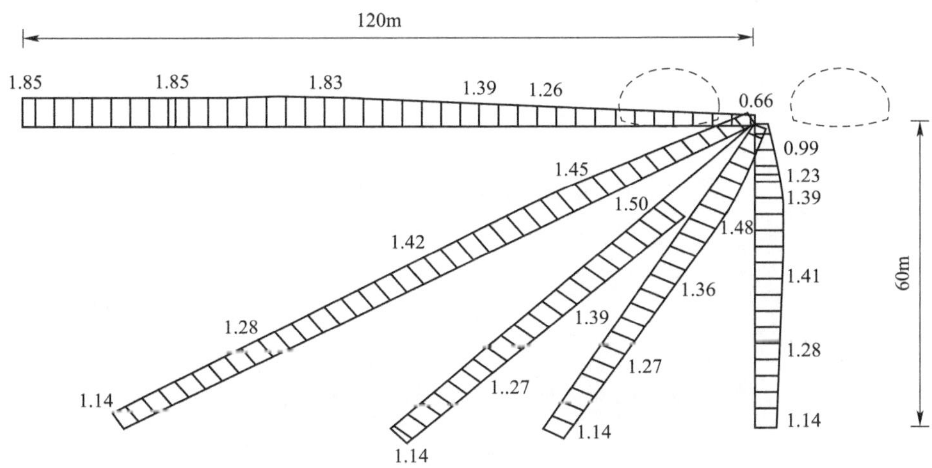

图 3-18　安全系数(FoS)分布规律

从图 3-18 可以看出,0°方向(水平方向)的安全系数由近及远逐渐增大,且在远离一定距离后,趋于稳定,说明相互近接影响消除,仅是隧道开挖本身问题,类似于单个隧道在半无限体中的开挖;除 0°方向外的其余方向,由近及远,安全系数 FoS 基本都表现为一个先增长后减小的过程,这主要是因为随着地铁车站隧道远离三纵线主隧道,隧道之间的相互影响减弱,达到一定距离后,就仅是地铁车站隧道本身失稳的问题了,之所以此时的安全系数还会减小,是因为埋深在增加,初始应力场在增加,隧道本身的安全系数在减小。

地铁车站隧道在不同位置下,隧道群的整体破坏形态是不同的,不同隧道相对位置不仅影响整体安全系数,也会影响整体破坏形态,当地铁车站隧道与三纵线主隧道不再相互影响时,其破坏形态与各自单独开挖的破坏形态基本一致,通过隧道群的破坏形态可以在初步设计时提出有针对性的支护措施,以更有效地保证隧道群稳定。

影响隧道群安全系数的主要因素有初始地应力、隧道断面、隧道之间距离。一般情况下,可以认为埋深是影响初始地应力的最主要因素。在本书的计算工况中,隧道断面没有改变,主要改变的是地铁车站隧道的埋深及三个隧道之间的距离。本书主要关注的是隧道近接施工之间的相互影响,故需要将埋深对安全系数的影响剔除。为剔除地铁车站隧道埋深对隧道近接施工的相互影响，计算了在相同地质条件及不同埋深下单独开挖未支护地铁车站隧道的安全系数（FoS_{A-SS}），计算结果见表3-5。

不同埋深下安全系数 表3-5

埋深(m)	27	41.8	56.8	71.8	86.5
安全系数	1.85	1.64	1.43	1.28	1.14

通过对比图3-18与表3-6的安全系数，参照3.2.2中的影响分区 FoS 判定准则，可以判定隧道之间的近接影响分区边界：$FoS_G = 1$ 时为强-弱影响分界；在地铁车站隧道相同埋深条件下，$FoS_G = FoS_{A-SS}$ 为弱-无影响分界。连接安全系数等值线，可得到隧道之间相互影响分区图。为方便实际工程中的应用，将安全系数等值线假设为椭圆形状，如图3-19（见彩插）所示，图中红色为强影响区，黄色为弱影响区，绿色为无影响区。

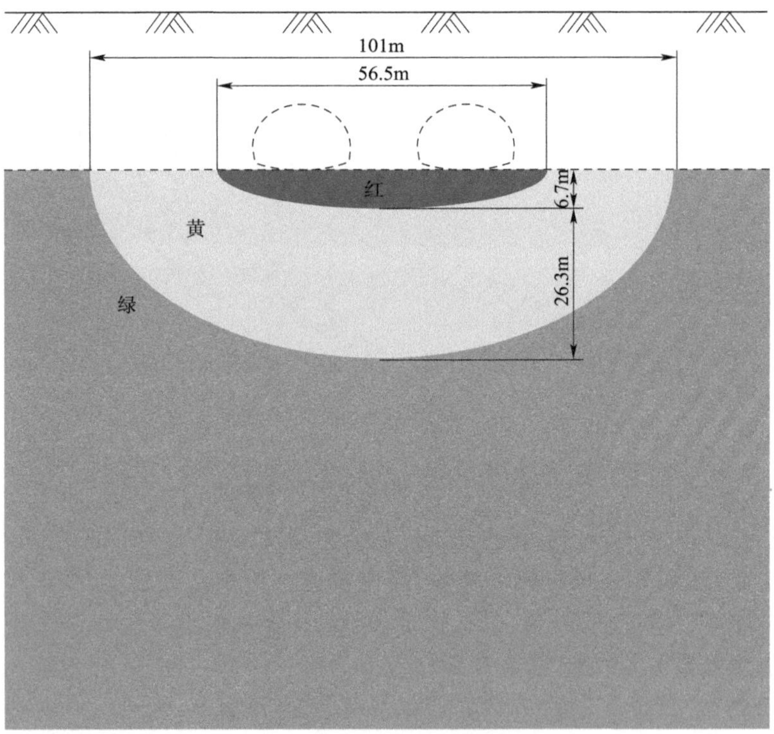

图3-19 新建隧道群的近接影响分区图

3. 基于影响分区的隧道群设计建议

根据图3-19新建隧道群的近接影响分区图，在隧道群的设计时应优先将地铁车站隧道布置于无影响区域（绿色区域），这样能够避免地铁车站隧道与三纵线主隧道之间的相互影响，如若条件限制无法布置在无影响区域时，应尽量将地铁车站隧道布置在弱影响区域，以尽量减小地铁车站隧道与三纵线主隧道之间的近接影响，但是本工程中由于地形及其他条件限制，地铁车站隧道无法布置在图中的无影响区域及弱影响区域，仅能布置在强影响区域。在强影响区域中，隧道之间的近接影响通常会产生较大的危害，而为了能够保证隧道群施工安全,需要详细研究其破坏机理以及施工过程的力学原理,从而在设计及施工方法上采取针对性的有效措施。

3.2.3　城市复杂隧道群近接稳定性评价及破坏机理研究

由于地铁车站隧道无外移条件,仅能布置在强影响区,因此需要对隧道群近接稳定性评价及破坏机理进行研究,从而能够在设计及施工方法上,提出针对性的有效措施。

1. 数值计算说明

根据3.1.2节所确定的隧道断面建立计算模型,如图3-20(见彩插)所示。计算范围左右各取120m,仰拱以下取值80m,拱顶以上覆土按照实际埋深取值。结合地质勘察资料及重庆市多年来的设计及施工经验,泥质砂岩物理力学指标见表3-6。

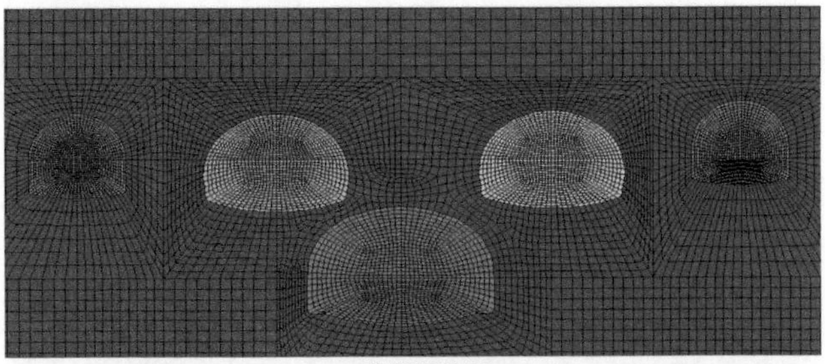

a) 梨菜铁路段

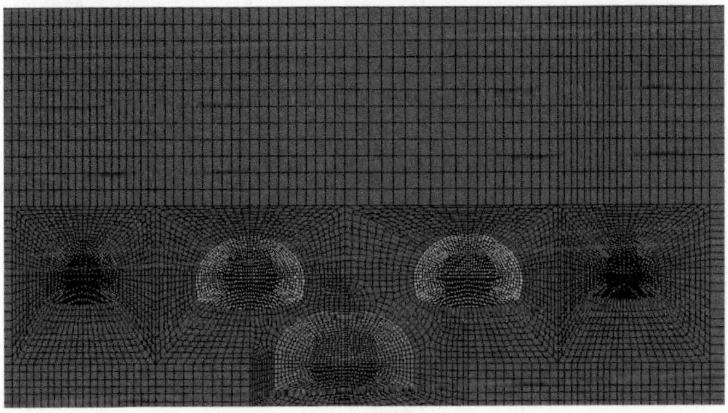

b) 风道隧道段

图3-20　计算模型

围岩物理力学指标　　表3-6

材料类型	黏聚力(kPa)	内摩擦角(°)	弹性模量(MPa)	泊松比	重度(kN/m^3)
泥质砂岩	500.00	28.5	1420.00	0.35	23.9

在风道隧道段典型截面中,风道的开挖对隧道群的稳定性也具有一定的影响,但是由于本章节主要为平面计算,无法考虑风道的影响,故本节在风道隧道段典型截面中,暂不考虑风道的影响,风道对围岩稳定性及施工过程的力学原理的影响在第五章三维计算分析中再作详细介绍,本节只分析在此"埋深"条件下,隧道群的破坏机理及稳定性。

2. 计算工况设置

在地下工程中,多个隧道开挖卸载的重复交叉影响会使围岩应力反复调整,在围岩间形成一个与隧道空间结构密切相关的应力场，特别是对于复杂的多个隧道近接时，不同的隧道开挖顺序可能会改变围岩的破坏机理，最终影响围岩的稳定性，本次计算根据隧道群中各隧道的不同开挖顺序共设置两种计算工况：

工况 1：首先开挖地铁车站隧道，其次开挖三纵线左侧主隧道，之后开挖三纵线右侧主隧道，最后同时开挖 A、B 匝道；

工况 2：首先开挖三纵线左侧主隧道，其次开挖三纵线右侧主隧道，之后开挖地铁车站隧道，最后同时开挖 A、B 匝道。

为简便计算，计算中各隧道均不设置支护，且都为全断面开挖。

3. 计算结果分析

(1)围岩稳定性评价。

①梨菜铁路段。

工况 1 中随开挖顺序，各隧道拱顶位移随折减系数变化的曲线如图 3-21 ~ 图 3-24 所示。

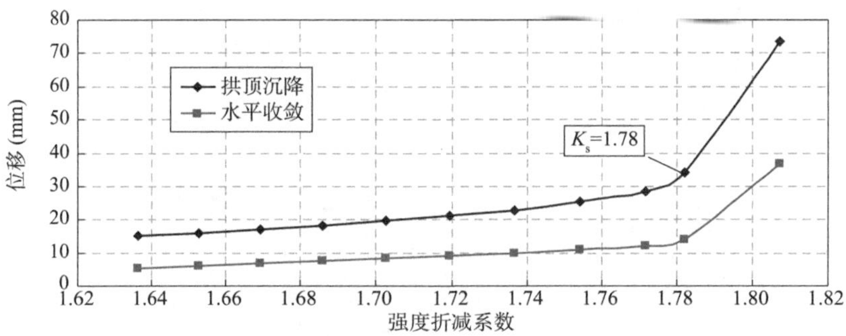

图 3-21　地铁车站开挖监测点位移与强度折减系数曲线

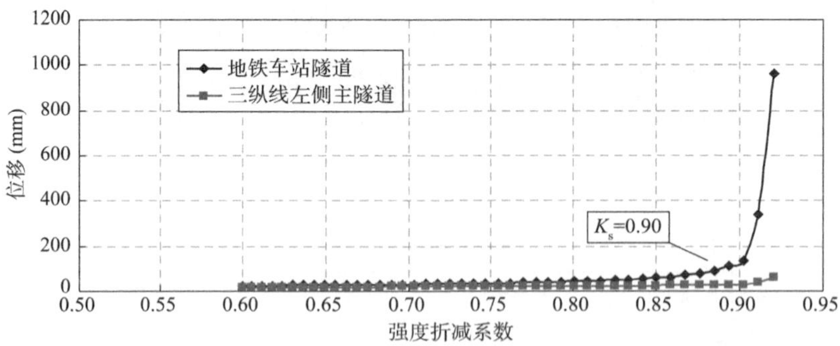

图 3-22　地铁车站及三纵线左侧主隧道开挖监测点位移与强度折减系数曲线

由图 3-21 ~ 图 3-24 可以看出，随着隧道群的开挖，安全系数逐渐降低，开挖完地铁车站再开挖三纵线左侧主隧道时，地铁车站隧道拱顶位移已经随折减系数发生明显突变，但是三纵线左侧主隧道并未产生突变，说明三纵线左侧主隧道开挖对地铁车站隧道的稳定性影响较大。之后三纵线右侧主隧道开挖，洞群各隧道拱顶位移突变点趋于一致，即各隧道同时出现失稳，A、B 匝道的开挖对洞群的稳定没有影响，安全系数统计见表 3-7。

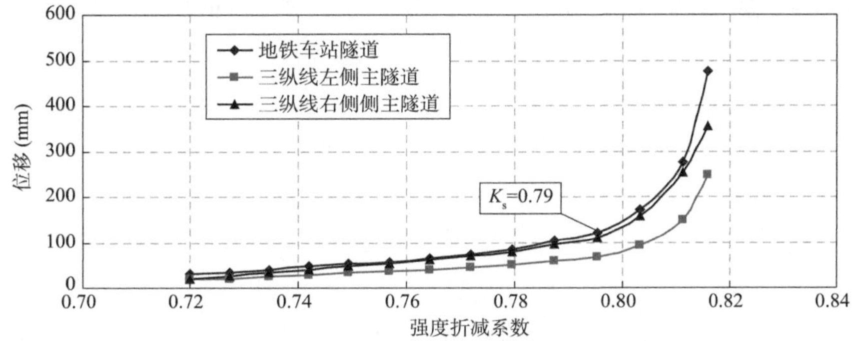

图 3-23 地铁车站及三纵线主隧道开挖监测点位移与强度折减系数曲线

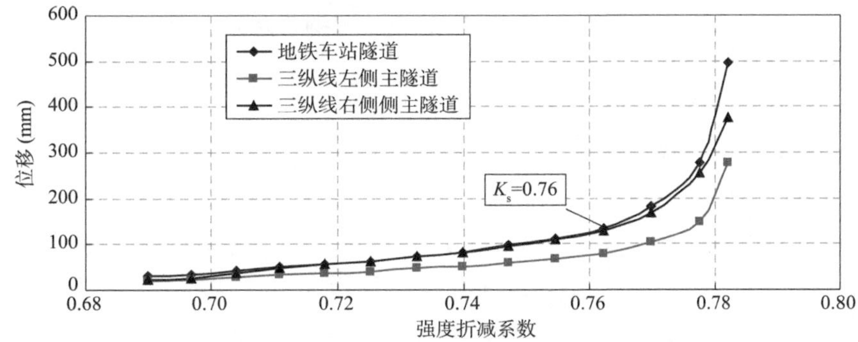

图 3-24 隧道群施工完成监测点位移与强度折减系数曲线

安全系数统计 表 3-7

开挖步序	地铁车站开挖	三纵线左侧主隧道开挖	三纵线右侧主隧道开挖	洞群开挖完成
安全系数	1.78	0.90	0.79	0.76

工况 2 中随开挖顺序各隧道拱顶位移随折减系数变化的曲线如图 3-25 ~ 图 3-28 所示。

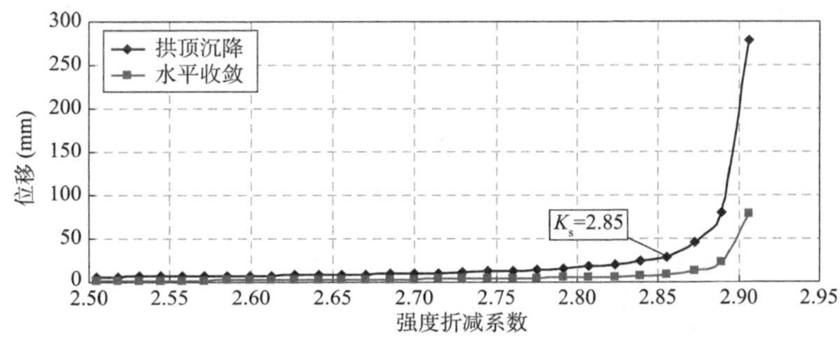

图 3-25 三纵线左侧主隧道开挖监测点位移与强度折减系数曲线

由图 3-26 ~ 图 3-28 可以看出，随着隧道群的开挖，安全系数逐渐降低，但值得注意的是三纵线左侧主隧道及三纵线右侧主隧道开挖完成后，安全系数并没有明显下降，即由于两座隧道相隔较远，三纵线右侧主隧道的开挖对三纵线左侧主隧道稳定性影响较小，但地铁车站隧道开挖后安全系数急剧下降，工况2中A、B匝道开挖对隧道群也几乎没有影响，安全系数统计见表3-8。

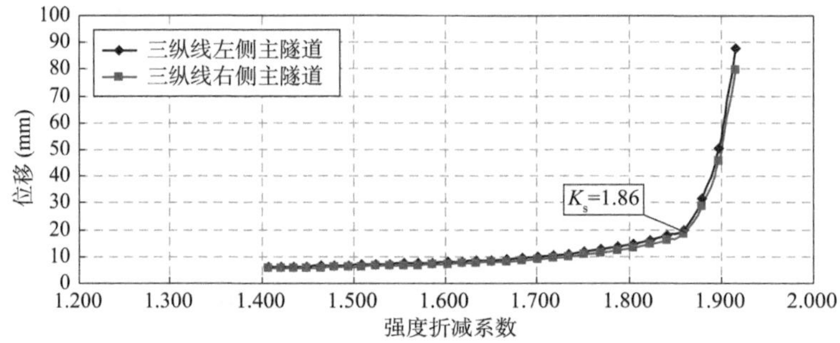

图3-26　三纵线主隧道开挖监测点位移与强度折减系数曲线

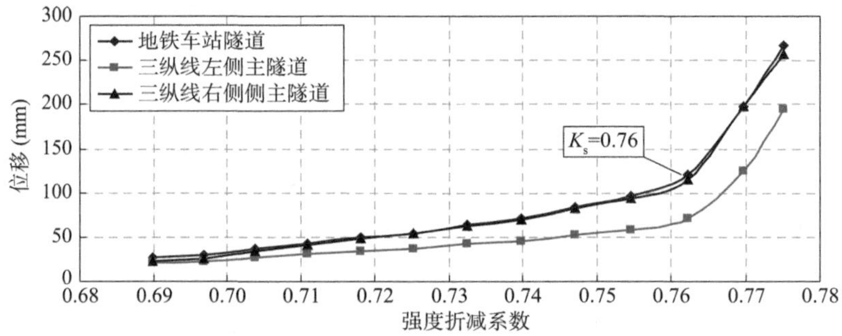

图3-27　地铁车站及三纵线主隧道开挖监测点位移与强度折减系数曲线

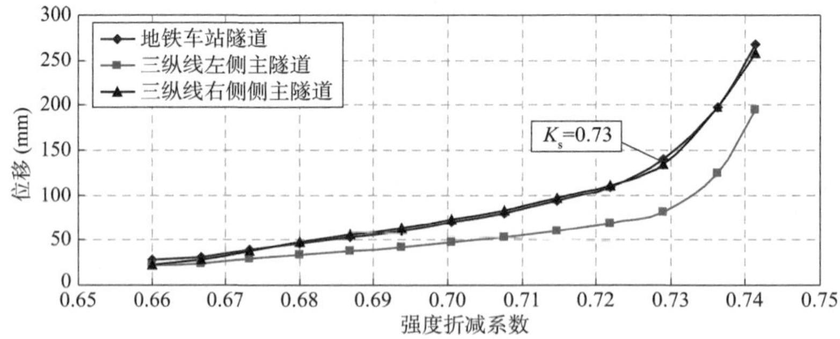

图3-28　隧道群施工完成监测点位移与强度折减系数曲线

安全系数统计　　表3-8

开挖步序	三纵线左侧主隧道开挖	三纵线右侧主隧道开挖	地铁车站开挖	洞群开挖完成
安全系数	2.86	1.85	0.76	0.73

②风道隧道段。

由于风道隧道段安全系数判定与梨菜铁路段基本相同，故文中不再给出监测点位移与折减系数曲线，仅给出最终计算结果，见表3-9。

安全系数统计　　表 3-9

工况					
工况 1	开挖步序	地铁车站开挖	三纵线左侧主隧道开挖	三纵线右侧主隧道开挖	洞群开挖完成
	安全系数	1.53	0.74	0.58	0.58
工况 2	开挖步序	三纵线左侧主隧道开挖	三纵线右侧主隧道开挖	地铁车站开挖	洞群开挖完成
	安全系数	2.26	1.67	0.54	0.54

风道隧道段不同工况的安全系数变化趋势与梨菜铁路段基本相同。

(2)围岩破坏机理。

梨菜铁路段工况 1 及工况 2 中,隧道群围岩极限破坏面如图 3-29(见彩插)所示。

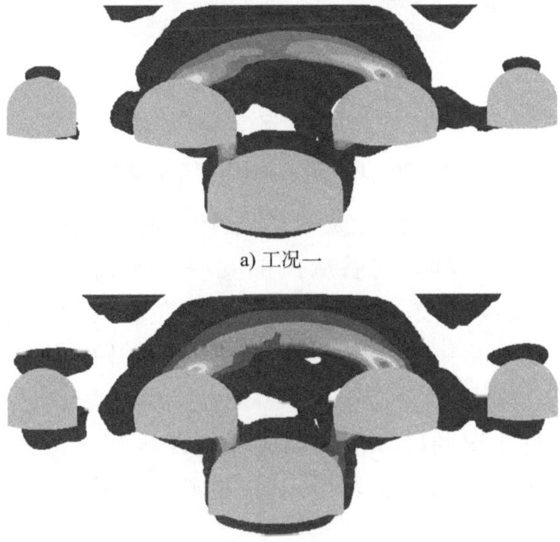

a) 工况一

b) 工况二

图 3-29　梨菜铁路段围岩极限破裂面

风道隧道段工况 1 及工况 2 中,隧道群围岩极限破坏面如图 3-30(见彩插)所示。

对于梨菜铁路隧道段,对比两种工况下围岩极限破裂面的发展趋势,可以看出虽然最终隧道群开挖完成后围岩的破坏形态基本相同,都是地铁车站与三纵线主隧道夹岩破坏以及三纵线两个主隧道拱部处破坏且产生弧形联通,最终发展至地表。但是在开挖过程中,由于施工步序不同,在不同步序下围岩的破坏机理完全不同。

对于工况 1,由于三纵线左侧主隧道的开挖,致使三纵线左侧主隧道与地铁车站隧道之间的夹岩发生破坏(三纵线左侧主隧道与地铁车站隧道之间的夹岩,下文中均以左侧夹岩代指),且由于地铁车站隧道拱顶位移过大,致使三纵线左侧主隧道右侧拱部发生破坏,而当三纵线右侧主隧道开挖后,地铁车站隧道与三纵线主隧道之间的夹岩均发生破坏,三纵线隧道拱部破坏面已经联通,且发展至地表。最后,当 A、B 匝道开挖时,由于断面较小且距离三个主洞相对较远,故其对整体破坏影响较小。

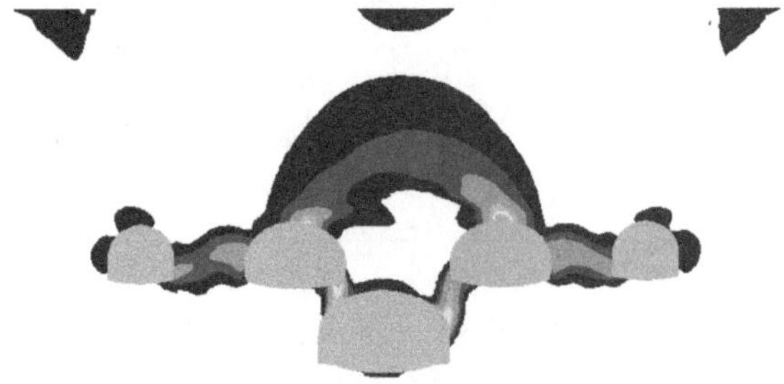

a) 工况一

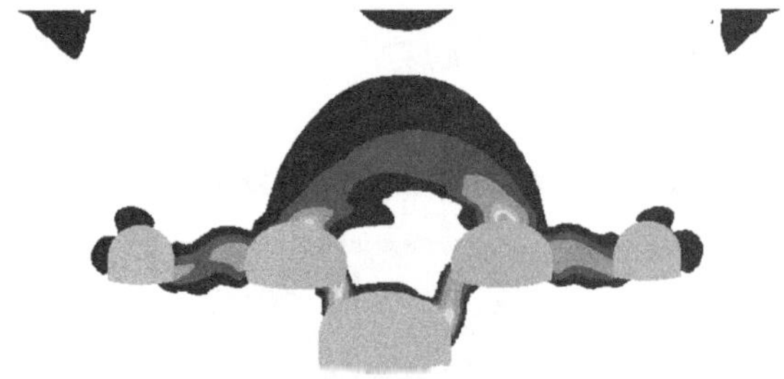

b) 工况二

图 3-30　风道隧道段围岩极限破裂面

对于工况 2，由于首先开挖的是三纵线的两个主隧道，故三纵线两个主隧道开挖之后，两个主隧道夹岩首先发生破坏，之后从拱部发展至地表。而当地铁车站开挖后，其破坏面状态与工况 1 中的三洞状态是基本相同的，均为左右两侧夹岩发生破坏，且三纵线主隧道两处拱顶产生弧形破坏面并发展至地表。A、B 匝道开挖对三个主洞的破坏形态几乎没有影响。

对于风道隧道段，两种工况的破坏形态与梨菜铁路段相比最大的区别是在隧道群开挖过程中，均未有破坏发展至地表的情况发生，其他的破坏趋势与梨菜铁路段基本相同，在此不再做详细描述。

3.2.4　隧道群施工顺序优化

上节中分析了不同施工状态下围岩的破坏机理，及对不同状态下隧道群围岩的稳定性进行了评价，通过对比不同工况下的围岩稳定状态，结合破坏机理，便能够对隧道群的施工顺序进行优化，本节以最不利断面（梨菜铁路段）为例（安全系数较小，围岩破坏发展至地表）对隧道群施工顺序进行优化。两种不同开挖顺序下，安全系数的变化曲线如图 3-31 所示。图中工况 1 中的施工步序为：地铁车站开挖；三纵线左侧主隧道开挖；三纵线右侧主隧道开挖；A、B 匝道开挖（隧道群施工完成）。工况 2 中的施工步序为：三纵线左侧主隧道开挖；三纵线右侧主隧道开挖；地铁车站开挖；A、B 匝道开挖（隧道群施工完成）。

由图 3-31 可以看出，毛洞状态下，两种工况仅在第 1、2 步施工步序中，安全系数有明显区别，而到第 3、4 施工步时安全系数几乎相等。工况 1 中最危险的施工步是地铁车站修建完成后再修建三纵线左侧主隧道时，安全系数由 1.78 降至 0.90，降幅为 49%；工况 2 中最危险的施工步是三纵线两个主隧道修建完成后再修建地铁车站隧道时，安全系数由 1.85 降至

0.76,降幅为59%。

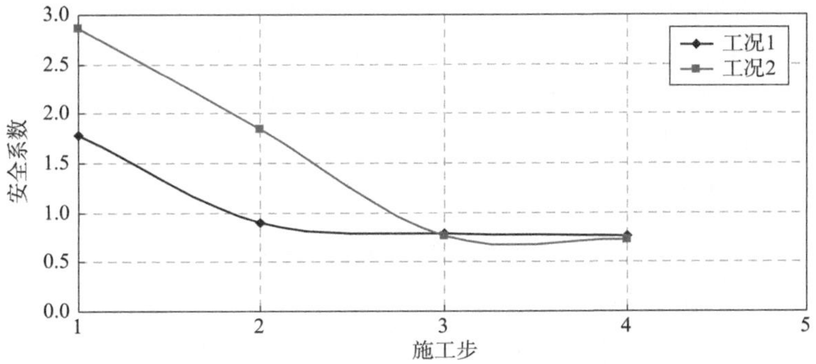

图3-31　不同工况下随施工步序变化的安全系数曲线

由上节围岩破坏机理分析可知,两种工况下,当三纵线主隧道与地铁车站隧道均施工完成后(3主洞状态),其围岩破坏形式是基本相同的,如图3-32(见彩插)所示。即如若最终隧道群坍塌,最主要原因是两侧夹岩发生破坏,致使地铁车站隧道失稳,从而使三纵线两个主隧道拱部破坏并连通直至发展至地表。工况1与工况2的最主要区别为:首先开挖上部隧道(三纵线主隧道)还是首先开挖下部隧道(地铁车站隧道),通过上述分析可知,若首先开挖三纵线主隧道,当开挖地铁车站隧道时,如果不提前支护,极易导致地铁车站隧道变形过大,从而致使整个隧道群坍塌。而如果首先开挖地铁车站隧道,由于地铁车站能够首先进行支护,故可以通过设置强支护或针对性支护从而控制地铁车站位移,保证安全,当三纵线隧道开挖时,即使上部隧道出现失稳等问题也能够尽量保证整体隧道群不失稳,从而减小损失。故结合安全系数及破裂机理,施工最优化的顺序为:首先施工地铁车站隧道(下部隧道),且等二次衬砌达到设计强度后,再修建三纵线主隧道(上部隧道)。

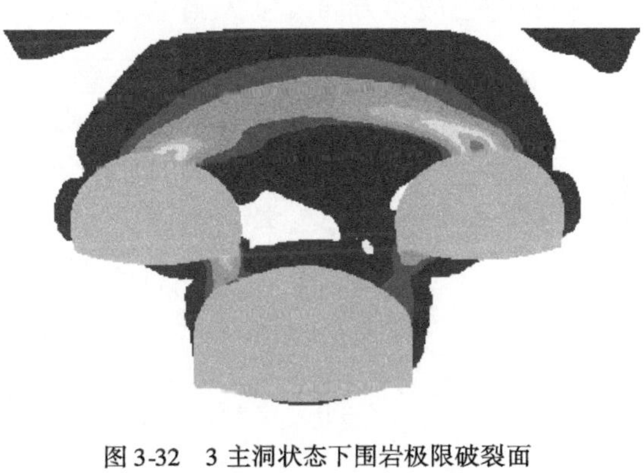

图3-32　3主洞状态下围岩极限破裂面

3.3　城市复杂隧道群夹岩受力机理分析

由工程实践和理论分析可知隧道群的最薄弱环节为隧道之间的夹岩,夹岩的稳定性决定着隧道群的稳定,故本节主要对隧道群夹岩的受力机理及破坏形态展开研究。

3.3.1　隧道群夹岩力学特性数值模拟

1.计算模型及计算参数

采用3.2.3中梨菜铁路段计算模型进行夹岩力学分析。模型中衬砌采用结构单元shell模拟,围岩采用实体单元模拟,遵从摩尔-库仑弹塑性准则。模型边界采用位移约束,模型两侧约束横向位移,底部约束竖向位移,模型上部为自由面。围岩应力释放率取40%,按照隧道群各洞室施工步骤和施工方法进行力学行为模拟分析。

本工程的地质情况主要以泥质砂岩为主,中间夹有一定厚度的砂岩,而泥质砂岩的结构面结合很差,抗压强度较低且遇水后强度会迅速降低,为方便分析及计算,这里考虑最不利的情况,认为地层均为泥质砂岩,根据地质勘查报告及对重庆市地层的大量工程分析经验,确定围岩及支护的物理力学参数见表3-10。

围岩及支护的物理力学参数 表3-10

参数	弹性模量(GPa)	泊松比	黏聚力(kPa)	内摩擦角(°)	重度(kN/m^3)
泥质砂岩	1.42	0.35	500	28.5	23.9
初期支护	22.00	0.22	—	—	23.0
二次衬砌	30.00	0.22	—	—	25.0

2. 计算结果及分析

以红岩村地铁车站隧道与三纵线左侧主隧道之间的夹岩为例,夹岩厚度为2m,对夹岩受力进行分析。隧道施工引起夹岩的主应力方向变化如图3-33所示。其中,初始状态时的夹岩主应力方向如图3-33a)所示;当第1步完成,即地铁车站隧道开挖后,会导致夹岩的径向应力 σ_r 释放,切向应力 σ_τ 方向发生小幅偏转,如图3-33b)所示;当三纵线左侧隧道开挖后,夹岩的主应力方向发生大幅偏转,即切向应力 σ_τ 发生大幅集中,如图3-33c)所示。

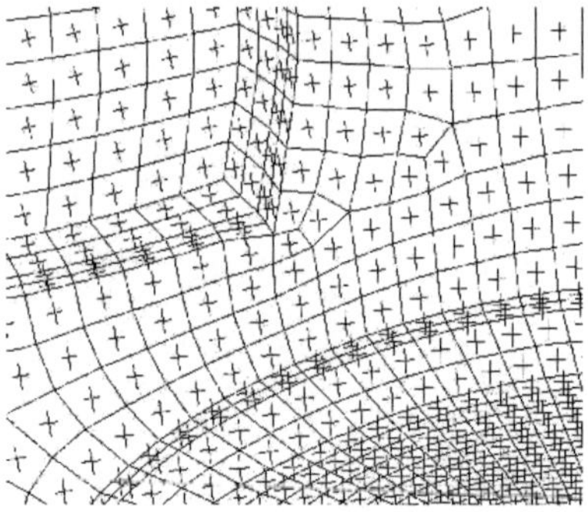

a) 初始状态

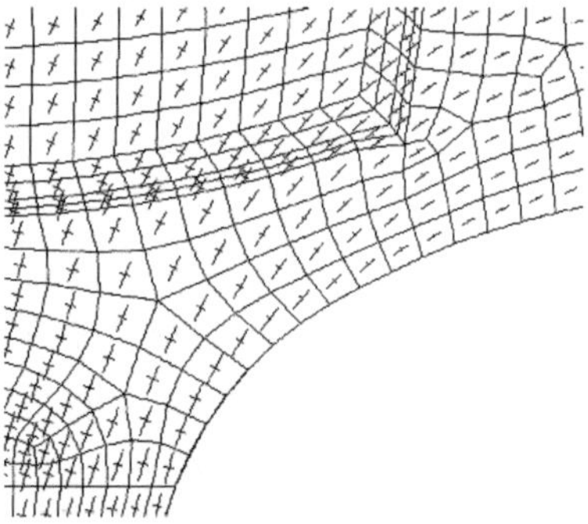

b) 地铁车站隧道施工完成后

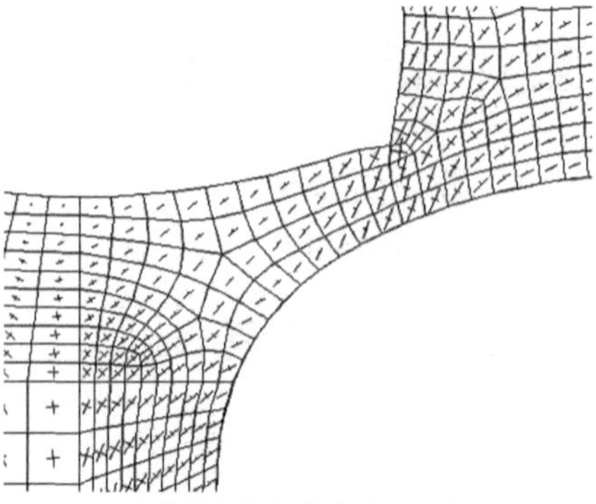

c) 三纵线左侧主隧道施工完成后

图3-33 隧道施工引起夹岩的主应力方向变化

洞群施工完成后夹岩的位移矢量如图 3-34 所示。由图 3-34 可以看出:由于夹岩两侧位移的不同步,以最薄弱处(厚度最小处)夹岩为界,夹岩左侧有向三纵线左侧主隧道位移的趋势,而夹岩右侧有向地铁车站隧道位移的趋势,导致夹岩最薄弱处受剪严重,且不同部位的主应力偏转方向不同。

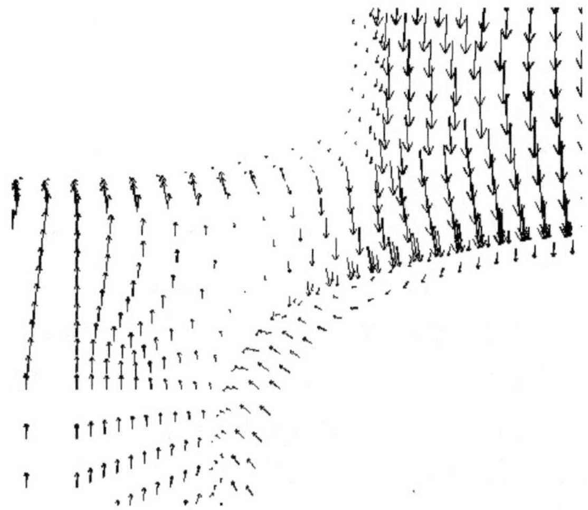

图 3-34 洞群施工完成后夹岩的位移矢量

分别提取在各施工步时左侧夹岩最薄弱处(厚度最小处)的最大主应力及最小主应力并画出摩尔圆,如图 3-35 所示。

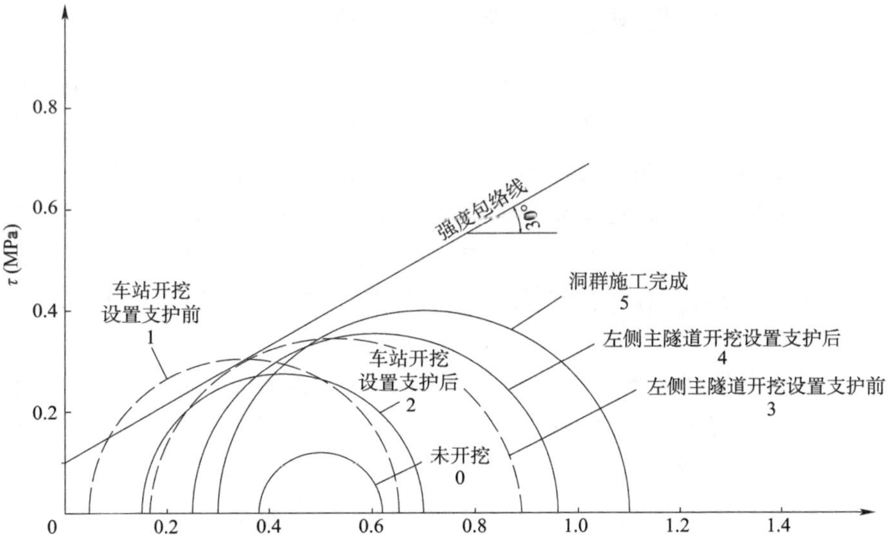

图 3-35 夹岩最薄弱处主应力的摩尔圆

由上述分析及隧道力学理论可知,夹岩处主要受到切向应力 σ_τ、径向应力 σ_r 和支护提供的支护反力 σ_r'的作用,其受力示意图如同 3-36 所示。

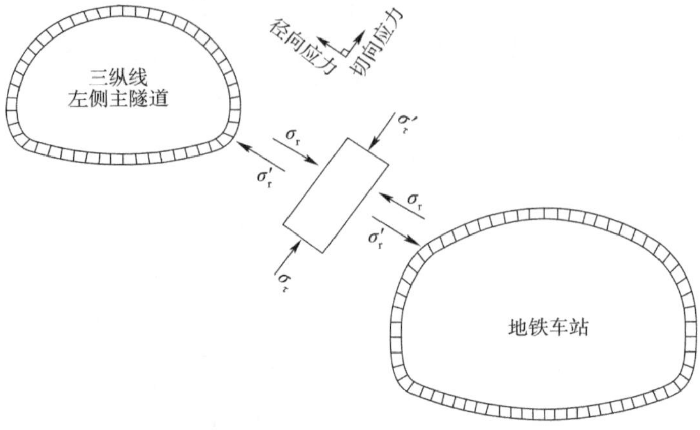

图 3-36　左侧夹岩受力示意图

在整个施工过程中,夹岩处的莫尔圆共经历了 5 次变化:第 1 次,在地铁车站隧道开挖且未设置支护时,由于应力释放,使夹岩处切向应力大幅释放,使摩尔圆与强度包络线相割;第 2 次,当地铁车站隧道施工完成后,夹岩处径向应力由于支护提供的支护反力使其小幅增加,导致摩尔圆直径减小,其逐渐远离强度包络线;第 3 次,三纵线左侧主隧道开挖且未设置支护时,切向应力发生大幅集中,但是由于其还未设置支护,无法提供足够的支护反力,摩尔圆直径增加,其又逐渐接近强度包络线,直至相切;第 4 次,在三纵线左侧主隧道设置支护后,为夹岩提供了足够的支护反力,使夹岩处径向应力增加,摩尔圆直径变小,逐渐远离强度包络线;第 5 次,洞群开挖完成后,由于切向及径向应力同时增加,摩尔圆直径再次增大。

3.3.2　不同施工阶段隧道夹岩受力特性分析

对于复杂隧道群之间的夹岩,其受力特性与修建过程息息相关,不同的隧道修建顺序会呈现出截然不同的力学特性。同样以红岩村地铁车站隧道与三纵线左侧主隧道之间的夹岩为例,基于应力相关性理论,根据数值模拟结果,分析夹岩在整个施工过程中的受力特性。由于在整个施工过程中夹岩始终受到纵向应力作用,而纵向应力几乎不受施工的扰动而改变,因此可忽略纵向应力作用,从而将夹岩的空间三维应力状态简化为平面二维应力状态进行分析。在平面二维应力状态下,按照施工顺序将施工过程分为 5 个阶段,在每个阶段夹岩的受力特性分别如下。

阶段Ⅰ:地铁车站隧道开挖且未设置支护阶段。在此阶段,夹岩由未开挖时的二向受力状态转变为单向受力状态,即仅承受围岩应力 σ_1,此时夹岩的受力状态较差,如不及时设置支护,可能会导致该部位岩体裂隙进一步发展,减弱夹岩的承载能力。

阶段Ⅱ:地铁车站隧道设置支护阶段。在此阶段,随着地铁车站的收敛变形,夹岩将对支护施加 1 个载荷,根据作用力与反作用力的原理,支护将对夹岩产生 1 个同样大小的支撑力,因此,夹岩的受力状态会由原来的单向受力状态转化为二向受力状态,此时夹岩部位受力情况较好,由摩尔-库仑强度理论 $\sigma_1=\frac{1+\sin\varphi}{1-\sin\varphi}\sigma_3+\frac{2C\cos\varphi}{1-\sin\varphi}$可知,如若支护能够提供足够的支护反力 σ_3,夹岩便能够在较大的围岩应力 σ_1 下保持稳定。

阶段Ⅲ：三纵线左侧主隧道开挖且未设置支护阶段。在此阶段，左侧夹岩部位又由二向应力状态转化为单向应力状态，夹岩经历了2次开挖扰动，使夹岩整体性变差，裂隙发育，从而降低了其抗剪强度，且由于夹岩两侧均大面积开口，致使夹岩处产生应力集中，σ_1 大幅增大，故此时夹岩受力状态最差，最易导致失稳。

阶段Ⅳ：三纵线左侧主隧道设置支护阶段。在此阶段，夹岩再次从单向受力状态转变为二向受力状态，且两侧支护提供了支护反力 σ_3，提高了夹岩的抗剪应力，保证了夹岩的稳定性。

阶段Ⅴ：其他隧道施工阶段。在此阶段，夹岩一直处于二向受力状态，但是由于隧道施工不可避免地会对夹岩产生扰动，使夹岩完整性变差，且夹岩处会继续发生应力集中，即 σ_1 增加，此时需提供足够的支护反力 σ_3 才能保证夹岩的稳定性。

摩尔-库仑强度理论认为在压应力作用下所引起的破坏，实际上是剪切破坏，因此，夹岩对于所处的每一个阶段均需要不同的剪切应力来抵抗其剪切破坏，从第Ⅰ至第Ⅴ阶段，随着压应力的逐渐增大，保证夹岩稳定所需的剪切应力也逐渐增大，相应的关系图如图3-37所示。

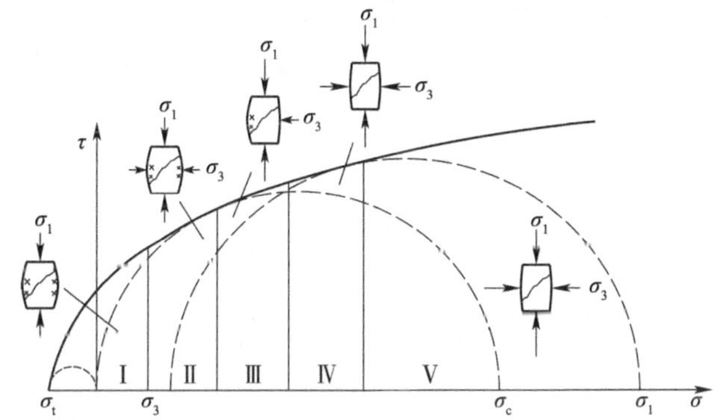

图3-37　夹岩在不同阶段的受力状态与所需承受的剪切应力的关系图

由上述分析可知，在施工过程的5个阶段中，阶段Ⅰ（地铁车站隧道开挖且未设置支护阶段）及阶段Ⅲ（三纵线左侧主隧道开挖且未设置支护阶段）时，为夹岩较危险的阶段，此时夹岩处于单向受力状态下，尤其在阶段Ⅲ，由于夹岩两侧隧道的开挖使夹岩处产生大幅的应力集中，且没有支护为其提供支护反力，仅能依靠夹岩自身强度保持稳定，因此夹岩极易失稳；对于其他阶段，由于支护能够为夹岩提供支护反力，使夹岩处于二向受力状态下，在此情况下，只有当支护无法提供足够的支护反力时（支护参数较弱致使支护失稳），夹岩才有可能发生失稳。

通过上述分析可以得出，保护夹岩稳定性主要有两个方面，首先是保证能够在施工时及时给夹岩提供支护反力，以保证夹岩的二向受力状态；其次是在隧道群施工时尽量保证不扰动夹岩，保证夹岩自身围岩参数不降低，以提高夹岩的自身强度。而为夹岩提供足够的支护反力是保证夹岩稳定性的重要手段，通过对相关隧道群的文献查阅，对夹岩进行支护的主要手段是设置对拉锚杆（索），甚至增加预应力，以保证为夹岩提供足够的支护反力。

3.3.3 对拉锚杆(索)与夹岩相互作用机理分析

通过对拉锚杆(索)对穿夹岩对夹岩实施加固,如图3-38所示。一般来讲,对拉锚杆(索)通过钢垫板及自身刚度来限制夹岩的侧向约束以保证夹岩侧向受力,当夹岩受力较大时,也可以通过施加预应力以及注浆来保证对拉锚杆(索)的约束作用。而锚杆(索)-围岩的相互作用主要有两点:一是在隧道开挖过程中,由于夹岩两侧隧道的开挖卸荷作用,夹岩会产生指向夹岩临空面的卸载位移,并带动设置在夹岩两侧的锚墩向临空面发生沿锚杆(索)轴线方向的相离位移,使锚杆(索)被动拉伸;二是由于锚杆(索)的被动拉伸,锚杆(索)也通过锚墩将反力施加在夹岩两侧,从而抑制夹岩向临空面位移。而对于全长无黏结锚杆(索),它仅通过两端的锚墩与围岩连接,不存在砂浆黏结段与围岩的复杂相互作用关系,故在建立锚杆-围岩相互受力关系模型时,可以将锚杆与围岩分别看作独立的单元,然后通过建立锚墩的受力单元将锚杆单元与围岩单元相连接。围岩一般被视为黏弹性体,其可以通过广义开尔文体(Modified Kelvin)来表征围岩的黏弹性特性。广义开尔文体是通过一个开尔文体(Kelvin)和一个虎克体(Hooke)串联构成;锚杆(索)其主要由钢筋或者钢绞线构成,可以将其视为弹脆性体,即能够通过一个表征弹性的虎克体(Hooke)与一个脆性单元串联来表征其弹脆性特征。围岩与锚杆(索)的两端可以通过刚性体连接以表征锚墩结构。锚杆-围岩耦合作用模型如图3-39所示。

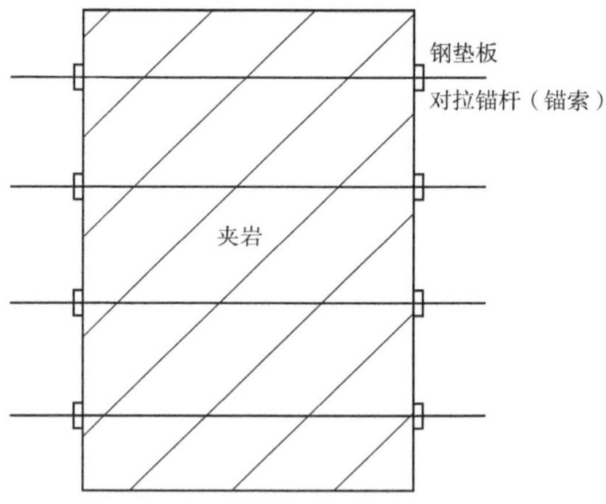

图3-38 对拉锚杆(索)对夹岩的加固示意图

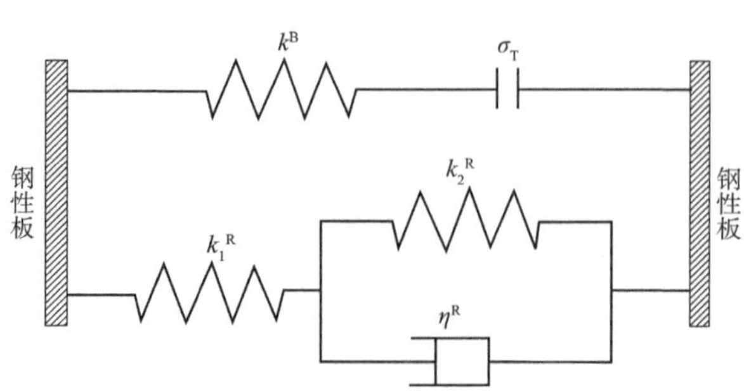

图3-39 锚杆-围岩耦合作用模型

由图3-39可知,在t时刻沿锚杆轴线方向的围岩应变方程为:

$$\varepsilon^{R}(t)=\left[\frac{k_1^R+k_2^R}{k_1^R k_2^R}-\frac{1}{k_2^R}\exp\left(-\frac{k_2^R}{\eta^R}t\right)\right]\sigma_0 \tag{3-3}$$

式中,k_1^R为围岩瞬时弹性模量;k_2^R为围岩粘弹性模量;η^R为围岩的粘弹性系数;σ_0为围岩应力。

相应的锚杆(索)应变方程为:

$$\begin{cases}\varepsilon^{B}(t)=\sigma^{B}/k^{B} & (\sigma^{B}<\sigma_{T})\\ \varepsilon^{B}(t)\to\infty & (\sigma^{B}\geqslant\sigma_{T})\end{cases} \tag{3-4}$$

式中:σ_T为锚杆(索)的极限抗拉强度;k^B为锚杆瞬时弹性模量;σ^B为围岩所受拉应力。

锚杆为被动受力变形,锚杆与围岩为协调同步变形,故锚杆应变与围岩位移相等。当围岩与锚杆共同作用时,在$\sigma^C<\sigma_T$时,可得:

$$\int\varepsilon^{R}(l)\,\mathrm{d}l=\int\varepsilon^{B}(l)\,\mathrm{d}l \tag{3-5}$$

假定两者变形特征均为均匀应变,则式(3-3)可以简化为:

$$\varepsilon^{R}(t)=\varepsilon^{B}(t) \tag{3-6}$$

将围岩应变方程(3-1)与锚杆应变方程(3-2)代入式(3-4)可得:

$$\sigma^{B}=\left[\frac{k_1^R+k_2^R}{k_1^R k_2^R}-\frac{1}{k_2^R}\exp\left(-\frac{k_2^R}{\eta^R}t\right)\right]\sigma_0 k^B \tag{3-7}$$

由于本书仅分析隧道群施工过程中夹岩及对拉锚杆受力情况,故可以认为t等于0,在开挖过程卸载过程中($\sigma_1\to\sigma_2$)锚杆未断裂时($\sigma^C<\sigma_T$)的锚杆荷载响应(ΔF^e),表达式为:

$$\Delta F^{e}=\frac{k^B}{k_1^R}(\sigma_2-\sigma_1)S=\frac{k^B}{k_1^R}\Delta\sigma S \tag{3-8}$$

式中,S为夹岩处锚杆总截面积(m^2)。

通过式(3-4)可以得出$\Delta\sigma$的表达式:

$$\Delta\sigma=\varepsilon^{R}k_1^R=\varepsilon^{B}k^{B} \tag{3-9}$$

通过测量手段能够在隧道群开挖过程中测得锚杆的伸长量,把式(3-7)代入式(3-6)能够得到:

$$\Delta F^{e}=\frac{\Delta L}{L}k^{B}S \tag{3-10}$$

式中,ΔL为锚杆的伸长量(m);L为锚杆长度(m)。

由式(3-6)能够得出,在锚杆弹性模量与围岩弹性模量的比例$\left(\frac{k^B}{k_1^R}\right)$一定的情况下,锚杆荷载响应$\Delta F^e$与围岩卸载应力增量$\Delta\sigma$之间的关系如图3-40所示。围岩卸载应力增量$\Delta\sigma$为50MPa时,锚杆荷载响应与围岩弹性模量的关系如图3-41所示。

由图3-40可以看出,锚杆荷载响应与围岩卸载应力增值呈正比。当锚杆弹性模量与围岩弹性模量比值越大,锚杆荷载响应对围岩卸载应力增量越敏感。由于锚杆的弹性模量基本不会变化,故可以将锚杆弹性模量看作一个定值,即当锚杆弹性模量一定时,围岩弹性模量越大,锚杆所受荷载响应越小,对围岩卸载应力增值越不敏感,如图3-41所示。

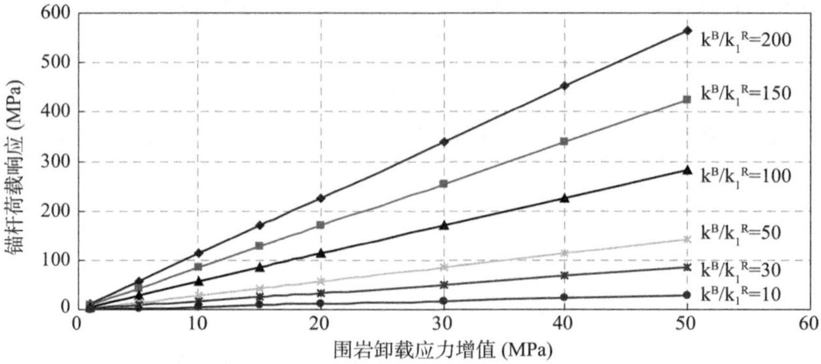

图 3-40　不同弹性模量比值下锚杆荷载响应与围岩卸载应力增量的关系

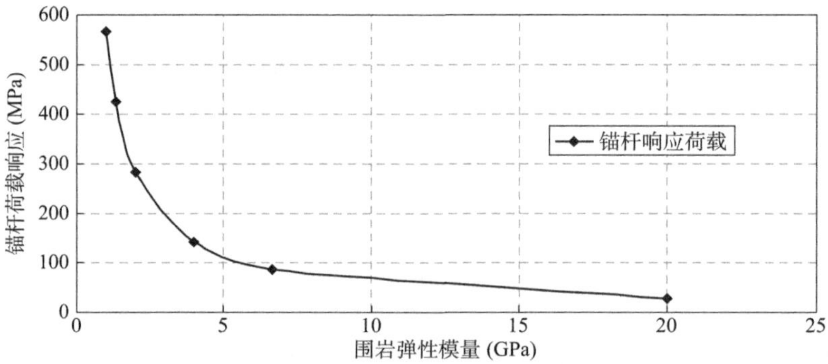

图 3-41　围岩弹性模量与锚杆荷载响应关系(围岩卸载应力增量 $\Delta\sigma$ 为 50MPa)

由上述分析可知,当夹岩弹性模量越小,锚杆荷载响应越大,夹岩的稳定性越差。夹岩的弹性模量在施作锚杆后也是很难增加的,但是在隧道群开挖过程中,由于开挖的扰动及打设锚杆时对夹岩的穿孔均会不同程度地降低夹岩的整体性,从而使夹岩的刚度减少。故在隧道群开挖时,为保证夹岩稳定,施作对拉锚杆时,需要注意两点:首先,由于施作锚杆(索)时需要考虑对拉锚杆(锚)的对夹岩刚度减小的作用,因此,应合理施作对拉锚杆(索)数量以充分利用夹岩的自身稳定性,及最大效率发挥锚杆(索)的锚固作用;第二,隧道群开挖时由于爆破等操作,会不可避免地扰动夹岩,使夹岩刚度降低,故施工时建议使用非爆破开挖或者机械开挖等方式,以减少对夹岩的扰动,保证夹岩稳定。

第4章　基于模型试验的隧道群施工过程力学分析

4.1　模型试验的相似理论

4.1.1　试验相似理论推导

在进行相似模拟研究的试验设计、试验结果整理及推广时，均需要求得所研究对象的相似准则。求导相似准则的方法常见的有相似转换法、量纲分析法和矩阵法。

本次推导的相似准则采用的量纲分析法。描述本次试验现象的变量有：

(1)材料变形过程中的应力 σ，$[\sigma]=[FL^{-2}]$；

(2)材料变形过程中的应变 ε，$[\varepsilon]=[0]$；

(3)材料黏聚力 c，$[c]=[FL^{-2}]$；

(4)材料内摩擦角 φ，$[\varphi]=[0]$；

(5)材料泊松比 μ，$[\mu]=[0]$；

(6)材料重度 γ，$[\gamma]=[FL^{-3}]$；

(7)模型发生的位移 x，$[x]=[L]$；

(8)材料弹性模量 E，$[E]=[FL^{-2}]$；

(9)模型尺寸 L，$[L]=[L]$。

据此，可得出表征此次试验现象规律的关系式为：

$$f(\sigma,\varepsilon,c,\varphi,\mu,\gamma,x,E,L)=0 \tag{4-1}$$

则有 π 的指数式为：

$$\pi=\sigma^{a1}\varepsilon^{a2}c^{a3}\varphi^{a4}\mu^{a5}\gamma^{a6}x^{a7}E^{a8}L^{a9} \tag{4-2}$$

将各参数的量纲代入上式，得出相似准则一般表达式的量纲式为：

$$\begin{aligned}[\pi]&=[FL^{-2}]^{a1}[0]^{a2}[FL^{-2}]^{a3}[0]^{a4}[0]^{a5}[FL^{-3}]^{a6}[L]^{a7}[FL^{-2}]^{a8}[L]^{a9}\\&=[F^{a1+a3+a6+a8}][L^{-2a1-2a3-3a6+a7-2a8+a9}]\end{aligned} \tag{4-3}$$

各参数指数之间的关系为：

$$\begin{cases} a_1 + a_3 + a_6 + a_8 = 0 \\ 2a_1 + 2a_3 + 3a_6 - a_7 + 2a_8 - a_9 = 0 \end{cases} \tag{4-4}$$

不妨假设 $a_1 - a_7$ 为常数,则:

$$\begin{cases} a_8 = -a_1 - a_3 - a_6 \\ a_9 = a_6 - a_7 \end{cases} \tag{4-5}$$

用矩阵表示即为:

$$\begin{Bmatrix} a_8 \\ a_9 \end{Bmatrix} = \begin{bmatrix} -1 & 0 & -1 & 0 & 0 & -1 & 0 \\ 0 & 0 & 0 & 0 & 0 & 1 & -1 \end{bmatrix} \tag{4-6}$$

则 π 的矩阵为:

$$\begin{bmatrix} & a_1 & a_2 & a_3 & a_4 & a_5 & a_6 & a_7 & a_8 & a_9 \\ & \sigma & \varepsilon & c & \varphi & \mu & \gamma & x & E & L \\ \pi_1 & 1 & 0 & 0 & 0 & 0 & 0 & 0 & -1 & 0 \\ \pi_2 & 0 & 1 & 0 & 0 & 0 & 0 & 0 & 0 & 0 \\ \pi_3 & 0 & 0 & 1 & 0 & 0 & 0 & 0 & -1 & 0 \\ \pi_4 & 0 & 0 & 0 & 1 & 0 & 0 & 0 & 0 & 0 \\ \pi_5 & 0 & 0 & 0 & 0 & 1 & 0 & 0 & 0 & 0 \\ \pi_6 & 0 & 0 & 0 & 0 & 0 & 1 & 0 & -1 & 1 \\ \pi_7 & 0 & 0 & 0 & 0 & 0 & 0 & 1 & 0 & -1 \end{bmatrix} \tag{4-7}$$

由上面的矩阵可以得出相似准则如下:

$$\pi_1 = \frac{\sigma}{E} \rightarrow \pi_1 = \frac{\sigma}{E} = \frac{\sigma'}{E'} \rightarrow C_\sigma = C_E \tag{4-8}$$

$$\pi_2 = \varepsilon \rightarrow \pi_2 = \varepsilon = \varepsilon' \rightarrow C_\varepsilon = 1 \tag{4-9}$$

$$\pi_3 = \frac{c}{E} \rightarrow \pi_3 = \frac{c}{E} = \frac{c'}{E'} \rightarrow C_c = C_E \tag{4-10}$$

$$\pi_4 = \mu \rightarrow \pi_4 = \mu = \mu' \rightarrow C_\mu = 1 \tag{4-11}$$

$$\pi_5 = \varphi \rightarrow \pi_5 = \varphi = \varphi' \rightarrow C_\varphi = 1 \tag{4-12}$$

$$\pi_6 = \frac{\gamma L}{E} \rightarrow \pi_6 = \frac{\gamma L}{E} = \frac{\gamma' L'}{E'} \rightarrow C_\gamma C_L = C_E \tag{4-13}$$

$$\pi_7 = \frac{x}{L} \rightarrow \pi_7 = \frac{x}{L} = \frac{x'}{L'} \rightarrow C_x = C_L \tag{4-14}$$

因此,本次模型试验的尺寸以及材料属性均按照以上 7 个相似准则进行相似模拟研究。

原型与模型的完全相似,包括原型、模型在受力情况下的变形完全相似,以及直至破坏结构强度特性的相似两个方面,其相似关系分别如图 4-1 和图 4-2 所示。

当荷载超过某一数值时,岩体内部有的点处于弹性阶段,有的点处于塑性阶段,也有的点已经开裂。因此,在模型上进行破坏试验时,不仅要求在弹性阶段,模型的应力和应变与原型相似,同时要求在超出弹性阶段后一直到破坏为止,模型的应力和应变也应与原型相似。但是,从目前能采用的模型材料性能看,要求模型材料与原型材料的应力应变关系曲线始终完全相似是不易做到的。因为岩体在破坏前局部进入塑性阶段时,其影响应力应变关系的因素非常复杂,它与材料的种类、龄期、岩体的初始条件、荷载施加速度、作用时间等均有关系。从图4-2可见,理想模型材料的莫尔包络线应是原型材料的包络线在其纵、横坐标都按比例缩小 a 倍得到,即模型材料的拉、压、剪等强度都要与原型材料的对应参数相似。故以下推导的安全系数相似比仅为理论推导,在实际试验中并不能完全保证安全系数的相似比,但是应尽量向其靠近。

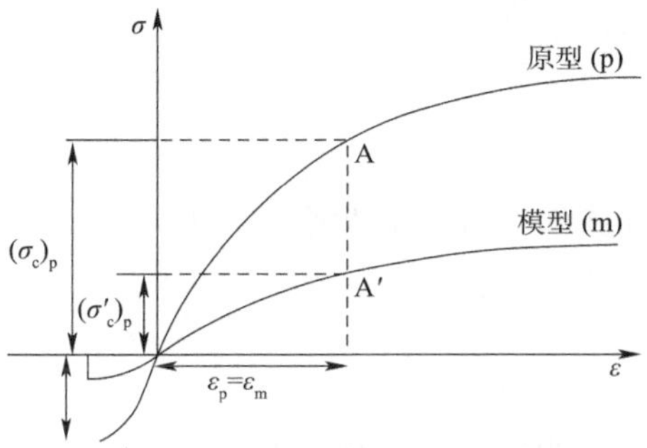

图4-1　原型与模型材料的应力应变关系

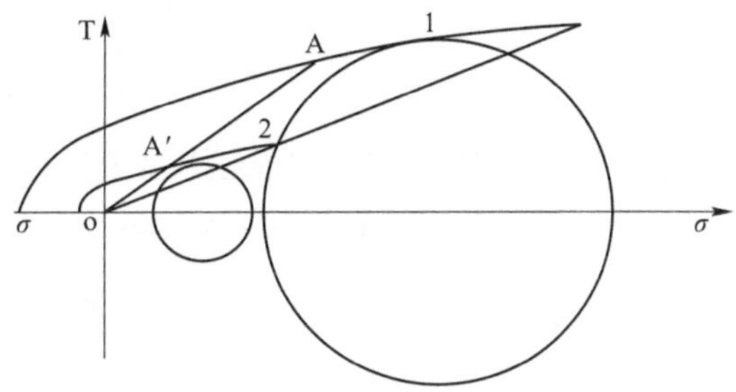

图4-2　原型与模型的强度包络线

4.1.2　安全系数相似推导

模型中的剪切强度满足:

$$\tau_m = c_m + \sigma_m \tan\varphi_m \tag{4-15}$$

按照安全系数折减后的剪切应力 τ'_m 满足:

$$\tau'_m = (c_m + \sigma_m \tan\varphi_m)/F_{sm} \tag{4-16}$$

式中,F_{sm} 为模型安全系数。

原型中按照安全系数折减后的剪切应力 τ'_p 满足:

$$\tau'_p = (c_p + \sigma_p \tan\varphi_p)/F_{sp} \tag{4-17}$$

式中,F_{sp} 为原型安全系数。

由上,按照安全系数折减后的剪切应力相似准则 $C_{\tau'}$ 满足:

$$C_{\tau'} = \frac{\tau'_p}{\tau'_m} = \frac{(c_p + \sigma_p \tan\varphi_p)/F_{sp}}{(c_m + \sigma_m \tan\varphi_m)/F_{sm}} = \frac{F_{sm}}{F_{sp}} \times \frac{(c_p + \sigma_p \tan\varphi_p)}{(c_m + \sigma_m \tan\varphi_m)} \tag{4-18}$$

式中,$\frac{\sigma_p}{\sigma_m} = \frac{c_p}{c_m} = C_\sigma = C_c$,$\frac{\varphi_p}{\varphi_m} = C_\varphi = 1$,将其代入式(4-18)得:

$$C_{\tau'} = \frac{F_{sm}}{F_{sp}} \times \frac{C_\sigma \times (c_m + \sigma_m \tan\varphi_m)}{(c_m + \sigma_m \tan\varphi_m)} = \frac{F_{sm}}{F_{sp}} \times C_\sigma \tag{4-19}$$

通过对式(4-19)进行变换可得:

$$\frac{F_{sm}}{F_{sp}} = \frac{C_{\tau'}}{C_\sigma} \tag{4-20}$$

由4.1.1节的相似理论推导,按照量纲分析法可以得到:

$$C_\tau = C_\sigma \tag{4-21}$$

式(4-20)中 $C_{\tau'}$ 为强度折减后原型与模型的相似比：

$$C_{\tau'}=\frac{\tau'_{\mathrm{p}}}{\tau'_{\mathrm{m}}}=\frac{c'_{\mathrm{p}}+\sigma'_{\mathrm{p}}\tan\varphi'_{\mathrm{p}}}{c'_{\mathrm{m}}+\sigma'_{\mathrm{m}}\tan\varphi'_{\mathrm{m}}} \tag{4-22}$$

由于相似材料中黏聚力 c 与内摩擦角 φ 均是按原型参数折减而折减的，所以可以近似认为：$C_{c'}=\frac{c'_{\mathrm{p}}}{c'_{\mathrm{m}}}=\frac{c_{\mathrm{p}}}{c_{\mathrm{m}}}=C_c=C_\sigma$，$C_{\varphi'}=\frac{\varphi'_{\mathrm{p}}}{\varphi'_{\mathrm{m}}}=\frac{\varphi_{\mathrm{p}}}{\varphi_{\mathrm{m}}}=C_\varphi=1$。

在原型的强度折减模拟中，围岩的弹性模量 E 是不随强度参数折减而变化的，故当相似材料的弹性模量也不随强度参数折减而变化时可以得到：

$$\frac{F_{\mathrm{sm}}}{F_{\mathrm{sp}}}=\frac{C_{\tau'}}{C_\sigma}=1 \tag{4-23}$$

但是本书所研制的相似材料的弹性模量是随强度参数折减而变小的，因此，如果原型计算时弹性模量不变而模型模拟时弹性模量逐渐变小则可得：

$$\frac{F_{\mathrm{sm}}}{F_{\mathrm{sp}}}=\frac{C_{\tau'}}{C_\sigma}<1 \tag{4-24}$$

即室内试验模拟所得的安全系数小于数值计算中所得安全系数。我们在本书第 2 章第 2.3 节强度折减法在数值模拟与室内试验的对比分析中计算了两者的差别，室内试验所得安全系数大约小于数值计算安全系数 12.5%，利用室内试验所得的安全系数来评价工程稳定性是保守于数值计算的，但是两者误差是能够基本满足工程需要的。

4.2 模型相似比确定及相似材料选取

4.2.1 模型相似比的确定

本试验中，模型试验平台整体尺寸为：长 × 宽 × 高 = 500cm × 300cm × 250cm，且考虑尽量减小模型平台边界效应对隧道群的影响，通过对比分析，当几何相似比为 $C_L=30$ 时，边界对各隧道的位移影响已经较小，故确定模型几何相似比为：$C_L=30$。

一般来讲，当原型材料与模型材料重度基本相同时，其所受应力及应变越容易与原型相换算，故确定重度相似比为：$C_\gamma=1$。

当几何相似比与重度相似比确定后，依照模型试验的相似理论便可以推算出其他参数相似比为：弹性模量相似比 $C_E=30$，黏聚力相似比 $C_c=30$，内摩擦角相似比 $C_\varphi=1$，泊松比相似比 $C_\mu=1$，应变相似比 $C_\varepsilon=1$，应力相似比 $C_\sigma=30$，位移相似比 $C_X=30$。

理论上模型相似材料力学参数需要完全满足上述比例，但是由于材料的重度、黏聚力、内摩擦角等参数是相互影响的，故完全实现上述相似比是不现实的，只能通过大量配比试验来尽量满足上述相似比。

4.2.2 围岩相似材料选取

由于重庆红岩村隧道群所处地层绝大部分位于泥质砂岩地层，间歇式夹有厚度较薄的砂岩，为提高安全富裕度及简化模型，试验时认为围岩均为泥质砂岩，围岩原型与模型围岩参数见表4-1,相似材料参数随温度变化见表4-2。

围岩原型与模型围岩参数　　表4-1

材料类型	重度(kN/m^3)	弹性模量(MPa)	泊松比	黏聚力(kPa)	内摩擦角(°)
原型	23.9	1420.00	0.35	500.00	28.5
模型	23.0	52.7	0.30	20.7	30.4
相似比	1.04	27.00	1.67	24.15	0.95

相似材料随温度变化参数　　表4-2

试件温度(℃)	弹性模量(MPa)	黏聚力(kPa)	内摩擦角(°)
20	52.7	20.7	30.4
30	43.49	11.7	24.3
40	6.70	7.63	22.4
50	—	3.44	19.7

4.2.3 支护相似材料选取

1. 支护相似理论

隧道衬砌主要以受拉及受压为主,且衬砌的抗弯能力是保证衬砌安全的主要控制点,所以相似模型应该先保证抗弯刚度的相似性。由于隧道衬砌结构是一个近似弹性圆柱壳体结构,它既需要承受轴力又需要承受弯曲应力,所以需要两个不同的控制方程来描述衬砌的轴向变形及弯曲变形,故模型试验中两者所遵循的相似准则也不同,隧道衬砌的相似准则如下。

(1)弯曲变形相似准则。

将衬砌壳体视为薄板结构,设板的厚度为h,x和y为横截面内两个互相垂直方向的坐标。在横向均布力q的作用下,薄板挠曲。满足控制方程:

$$\frac{\partial^4\omega}{\partial x^4}+2\frac{\partial^4\omega}{\partial x^2\partial y^2}+\frac{\partial^4\omega}{\partial y^4}=\frac{q}{K} \tag{4-25}$$

$$K=\frac{Eh^3}{12(1-\mu^2)} \tag{4-26}$$

式中,K为板的弯曲刚度;E为弹性模量;μ为泊松比。

设模型的比尺$\alpha=\frac{1}{n}$,模型和原型都需满足式(4-8~4-14),经推导可以得到相似准则:

$$n^3\frac{h_{\mathrm{m}}^3}{h_{\mathrm{p}}^3}=\frac{E_{\mathrm{p}}(1-\mu_{\mathrm{m}}^2)}{E_{\mathrm{m}}(1-\mu_{\mathrm{p}}^2)} \tag{4-27}$$

由上式得到模型衬砌厚度的计算公式为:

$$h_{\mathrm{m}}=\frac{h_{\mathrm{p}}}{n}\left[\frac{E_{\mathrm{p}}(1-\mu_{\mathrm{m}}^2)}{E_{\mathrm{m}}(1-\mu_{\mathrm{p}}^2)}\right]^{1/3} \tag{4-28}$$

模型与原型结构应力相似关系为:

$$\sigma_{\mathrm{p}}=\frac{(1-\mu_{\mathrm{p}}^{2})}{(1-\mu_{\mathrm{m}}^{2})}\left(\frac{h_{\mathrm{m}}}{h_{\mathrm{p}}/n}\right)^{2}\sigma_{\mathrm{m}} \tag{4-29}$$

(2)轴向变形相似准则。

对于轴向承受均布力 F 的情况,控制方程为:

$$\Delta=\frac{FL}{EA} \tag{4-30}$$

式中,Δ 为轴向变形量;A 为轴向截面积。推导相似准则为:

$$n\frac{h_{\mathrm{m}}}{h_{\mathrm{p}}}=\frac{E_{\mathrm{p}}}{E_{\mathrm{m}}} \tag{4-31}$$

模型衬砌厚度的计算公式为:

$$h_{\mathrm{m}}=\frac{h_{\mathrm{p}}}{n}\frac{E_{\mathrm{p}}}{E_{\mathrm{m}}} \tag{4-32}$$

应力相似关系为:

$$\sigma_{\mathrm{p}}=\left(\frac{h_{\mathrm{m}}}{h_{\mathrm{p}}/n}\right)\upsilon_{\mathrm{m}} \tag{4-33}$$

2. 支护材料选取

本次室内模型试验中主要对喷射混凝土、二次衬砌及对拉锚杆进行模拟。

(1)喷射混凝土的模拟。

通过多个隧道室内模型的调研,一般喷射混凝土是通过石膏与水进行模拟的,当石膏与水均匀混合时,石膏具有黏性,容易附着在开挖面上且会迅速硬化,其特性与喷射混凝土的特性基本相似。石膏最终硬化后的弹性模量主要随水与石膏的比例而异,为弄清不同水膏比下的弹性模量及泊松比,我们通过单轴压力机对不同水膏比下的弹性模量与泊松比进行了测试,弹性模量与泊松比随水膏比的变化规律见表4-3。

不同水膏比的力学参数 表4-3

水膏比	重度(kN/m^3)	弹性模量(GPa)	泊松比
0.8	7.6	6.38	0.19
1.0	6.5	3.32	0.20
1.2	5.9	2.35	0.20
1.5	5.5	1.50	0.21
2.0	4.7	0.87	0.21

由表4-3可知,当水膏比越大,即水所占比例越大时,弹性模量越小且重度也越小。同喷射混凝土相比,石膏重度依旧较小,无法满足重度相似比。但是由于其主要为支护结构,自身重度同承受围岩重力相比可以忽略不计,故对于喷射混凝土的室内模型模拟首先要满足其力学参数相似比,其次再尽量满足其重度相似比,且根据经验,一般常用水膏比多在1.0~2.0之间,因为水膏比小于1.0时,材料性质不易控制,而水膏比大于2.0时,浇模时易发生离析现象,致使材料硬化后不均匀。综合考虑,本试验中喷射混凝土相似材料采用水膏比为2.0的混合石膏,本模型试验中喷射凝土与其相似材料的力学参数见表4-4。

喷射混凝土原型与模型围岩参数表　表 4-4

材料类型	重度(kN/m^3)	弹性模量(GPa)	泊松比
原型	20.0	25.0	0.20
模型	4.7	0.87	0.21
相似比	4.2	28.7	0.95

(2)二次衬砌的模拟。

二次衬砌为模筑混凝土,故模型试验中采用以石膏为主的脆性材料模拟。主要由水、石膏及硅藻土三种材料配置而成,不同材料质量比配置的模拟材料的力学参数见表 4-5。

不同质量比的模拟材料力学参数　表 4-5

材料质量比			弹性模量(GPa)	泊松比
水	石膏	硅藻土		
1.8	1.0	0.4	1.47	0.20
1.9	1.0	0.4	1.43	0.20
2.0	1.0	0.4	1.35	0.20
2.1	1.0	0.4	1.05	0.21
2.2	1.0	0.4	0.87	0.21
2.3	1.0	0.4	0.81	0.21
2.4	1.0	0.4	0.61	0.21
2.5	1.0	0.4	0.48	0.22

综合考虑,模型尺寸相似比及其他性质,模型试验中采用水:石膏:硅藻土的质量比为 2.1:1.0:0.4 时的相似材料,模型试验中二次衬砌与其相似材料的力学参数见表 4-6。

二次衬砌原型与模型围岩参数表　表 4-6

材料类型	弹性模量(GPa)	泊松比
原型	35.0	0.20
模型	1.05	0.20
相似比	33.3	1.0

(3)锚杆的模拟。

模型试验中采用铝丝来模拟锚杆,试验中锚杆与其相似材料力学参数见表 4-7。

锚杆原型与模型围岩参数表　表 4-7

材料类型	弹性模量(GPa)	泊松比
原型	200.0	0.20
模型	70.0	0.30
相似比	2.8	0.67

4.3 模型试验装置及模型试验过程

4.3.1 模型材料的浇筑与制作

由于围岩相似材料为石蜡、砂及重晶石粉的混合材料，故浇筑模型时需要将三者在恒定温度下（一般略低于100℃）进行加热搅拌均匀。故模型浇筑时共分为三个步骤，首先，分别将石蜡、砂及重晶石粉按照比例分别称重；然后将砂放入炒锅内均匀受热，炒锅为特制炒锅，加热装置采用能够控制温度的智能温控加热板以保证温度恒定，在加热砂的同时，将石蜡放入温控电热锅内加热融化（温度需略低于100℃以保证石蜡凝固后的力学参数不受损失），当砂加热至石蜡倒入砂中不马上凝固时，将石蜡倒入热砂中搅拌均匀，再将重晶石粉倒入砂、石蜡混合物中，保持加热状态并迅速搅拌均匀；最后通过人工迅速将混合均匀的相似材料倒入模型箱中并用工具压实。

4.3.2 开挖及支护方案的模拟

隧道群各隧道原型与模型的开挖尺寸见表4-8，原型与模型的支护厚度见表4-9。设计中，地铁车站隧道采用双侧壁导坑法进行施工，三纵线主隧道采用CRD法施工，A、B匝道采用台阶法施工。隧道开挖顺序依次为地铁车站隧道，三纵线左侧主隧道，三纵线右侧主隧道，A、B匝道（两个匝道同时开挖）。

隧道开挖尺寸及埋深对比 表4-8

隧道	类别	埋深(m)	宽(m)	高(m)
红岩村地铁车站隧道	原型	26.80~35.70	21.30	14.10
	模型	0.73~1.19	0.71	0.47
三纵线主隧道	原型	17.00~22.90	16.50	11.40
	模型	0.40~0.76	0.55	0.38
A、B匝道	原型	11.50~27.30	11.20	9.90
	模型	0.38~0.91	0.37	0.33

隧道支护尺寸对比 表4-9

隧道	类别	初期支护(cm)	二次衬砌(cm)
红岩村地铁车站隧道	原型	33.0	100.0
	模型	1.1	3.3
三纵线主隧道	原型	27.0	60.0
	模型	0.9	2.0
A、B匝道	原型	20.0	35.0
	模型	0.7	1.2

4.3.3　传感器的布置及数据采集

1. 传感器的选用

隧道室内模型试验最关键的一环就是精确量测隧道模型在开挖及支护过程中围岩与支护的应力与位移的变化趋势，所以根据不同的试验情况，选择合适的量测方法及量测技术是室内模型试验的重中之重。

试验应力场的量测用的是传统的应变片量测，即向模型内埋置由相似材料特制的 3cm × 3cm × 3cm 的应变砖，应变砖三面贴有三向应变花，此时就能测得围岩中各个方位的应力大小。位移是模型试验中最直观也是最容易精确量测的物理量，试验主要是应用自动位移采集仪进行位移量测，且由于隧道拱顶位移受空间限制较难量测，试验中往往采用位移套管进行量测。

2. 传感器的布置

为了能够尽量多的获得可用的监测数据，试验中共布置了三个监测断面，每个监测断面间隔 45cm，如图 4-3 所示。每个断面应变砖布置相同，且在每个隧道边缘的应变砖位置均埋置了微型压力盒，如图 4-4 所示。

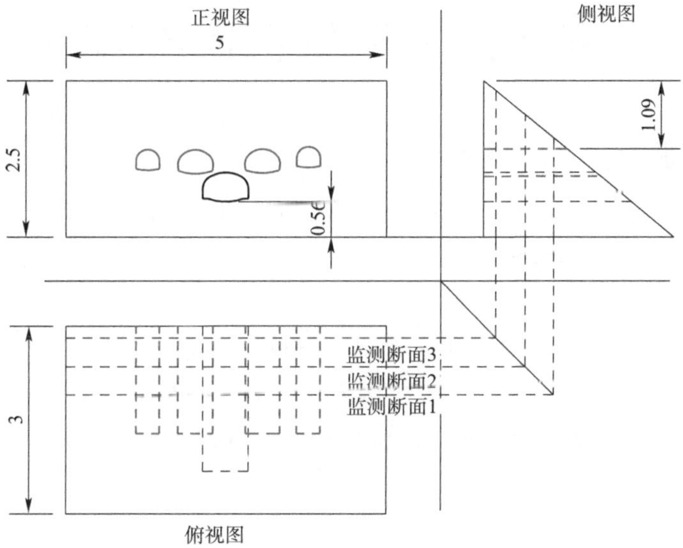

图 4-3　监测断面布置图(尺寸单位:m)

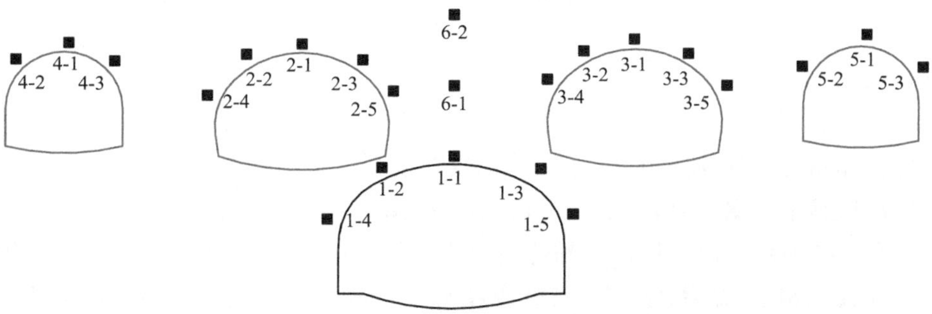

图 4-4　测试断面应变砖及微型压力盒布置图

二次衬砌拱顶、拱腰、边墙及仰拱内外侧均布置有应变片,如图 4-5(见彩插)所示,以换算二次衬砌所受弯矩和轴力,且由于地铁车站隧道纵向开挖约 1.2m,三纵线主隧道及 A、B 匝道纵向开挖约 1.0m,故地铁车站二次衬砌共有三块,每块长 0.5m,三纵线主隧道及 A、B 匝道共有 2 块,每块长 0.5m。

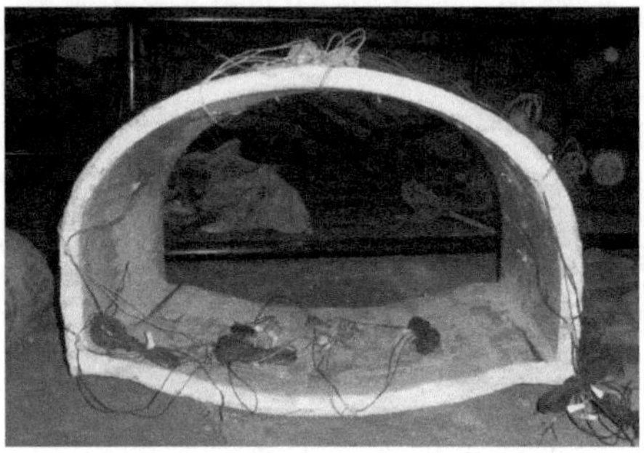

a) 地铁车站二次衬砌

b) 三纵线二次衬砌

图 4-5　二次衬砌及内外应变片

4.4　不同支护条件下围岩破坏机理

4.4.1　毛洞试验

毛洞试验即按照现有开挖步序进行试验,开挖时不设置任何支护,以获得隧道群在未设置支护时的破坏形态及受力特性。

1. 试验目的

试验目的为研究在重庆市泥质砂岩地层中开挖单个隧道以及多个隧道时,围岩的自稳情况以及隧道变形情况。通过预先埋置于围岩中的应变砖及压力传感器量测围岩应力场变化,确定受隧道开挖影响导致的围岩应力变化趋势。通过观察开挖过程中围岩的破坏情况获得隧道失稳形态及特性。

2. 开挖方式

开挖方式均为全断面开挖,每次开挖进尺为 10cm,开挖顺序为地铁车站、三纵线左侧主隧道、三纵线右侧主隧道、A、B 匝道。如果开挖过程中发生坍塌或隧道失稳的情况,便要停止开挖。

3. 试验过程及结果

首先开挖地铁车站隧道,全断面开挖,每次开挖进尺为 10cm。当隧道开挖至纵向 50cm 左右处,地铁车站隧道拱顶处出现小部分掉块;继续开挖至纵向 100cm 处时,隧道拱顶出现大面积塌方,但是未坍塌至地表,最大坍塌高度约 20cm,实际坍塌图与示意图分别如图 4-6(见彩插)、图 4-7 所示。由于地铁车站隧道仅为局部坍塌,坍塌范围并未影响至三纵线左侧主隧道,故在放置 8h 左右后,继续对三纵线左侧主隧道进行开挖,开挖依旧为全断面开挖,每次开挖进尺为 10cm。当开挖至据三纵线左侧主隧道洞口 30cm 左右时,三纵线左侧主隧道与地铁车站隧道夹岩处开始发生局部坍塌，开挖至40cm左右时，夹岩出现大范围掉落且地铁车站隧道左拱腰处也开始逐渐坍塌，最后导致三纵线左侧主隧道完全坍塌，如图4-8（见彩插）所示。

a) 外部

b) 内部

图4-6　毛洞状态地铁车站隧道局部坍塌图

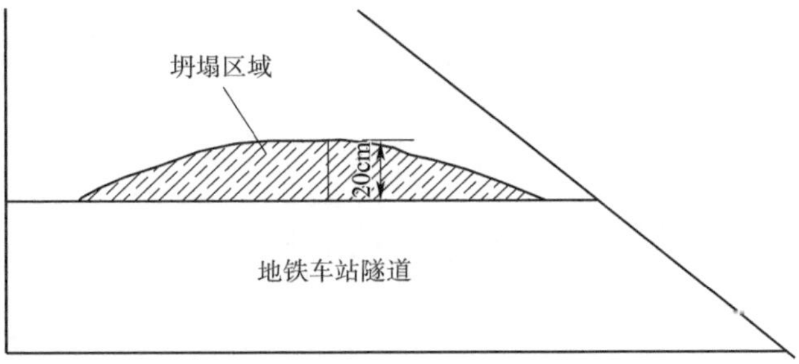

图4-7　地铁车站隧道坍塌示意图

图4-8　三纵线开挖后围岩坍塌情况

隧道开挖过程中，地铁车站隧道及三纵线左侧主隧道拱顶处地表沉降如图4-9、图4-10所示。

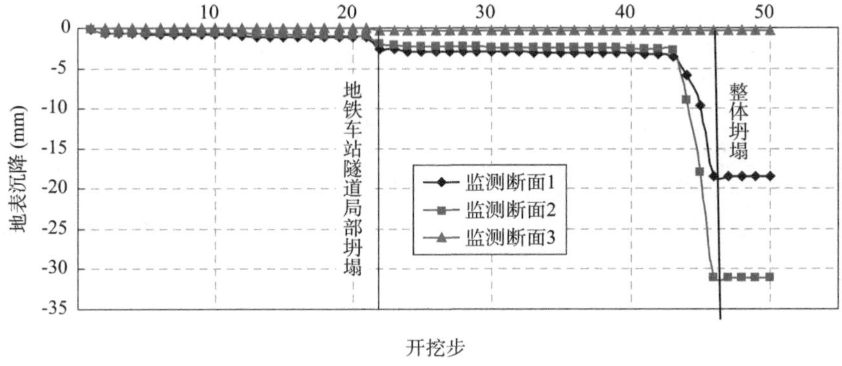

图4-9　地铁车站拱顶处地表沉降

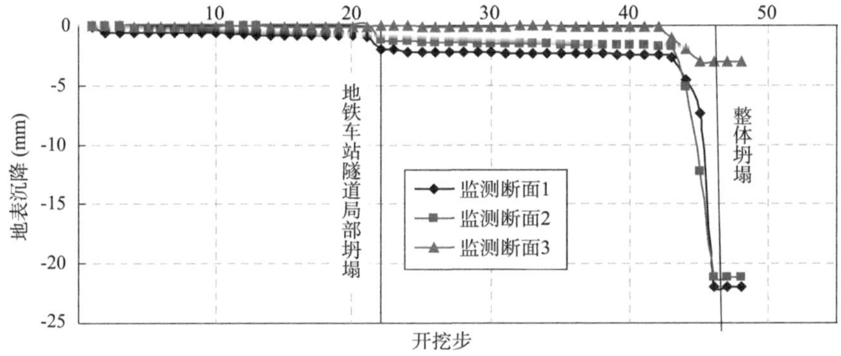

图4-10　三纵线左侧主隧道拱顶处地表沉降

结合开挖时隧道破坏情况及地表沉降位移变化趋势可以得出：

(1)在毛洞状态下，地铁车站隧道为局部坍塌破坏，坍塌主要在拱顶处且未坍塌至地表。这主要由于地铁车站隧道扁平率较大且在试验开挖过程中开挖轮廓不精确致使拱部更加扁平，拱部成拱效应减弱。故围岩通过应力自平衡，几何形状不合理处产生应力集中等情况，再加之开挖卸载后裂隙的发展，致使几何形状不合理处自行坍塌，坍塌后围岩趋于稳定，这样的破坏方式被定义为“几何性失稳”，即隧道坍塌主要由于几何形状不甚合理或开挖区域裂隙发育所致，如果将地铁车站隧道扁平率降低，并在施工时及时支护或进行超前支护便能够解决这类问题。

(2)三纵线左侧主隧道开挖时，两个隧道已全部坍塌，围岩整体失稳。其整个失稳是从夹岩无法承受应力集中逐步坍塌而开始的，当夹岩坍塌后迅速波及地铁车站隧道及三纵线左侧主隧道，两个隧道几乎同时失稳且直至地表。这种失稳被称为“应力性失稳”，即隧道开挖后围岩无法承受应力集中，致使围岩进入塑形状态进而引起隧道整体失稳。这种失稳需要设置较强的支护以保证围岩的稳定性。而对于本次试验，由于夹岩的应力集中最为明显，夹岩处围岩是最为薄弱的部分，故需在开挖时保证夹岩稳定才能保证整个隧道群稳定。

在毛洞状态下，隧道群的安全系数小于1，处于不稳定状态。

4.4.2　初期支护试验

初期支护试验即按照现有开挖步序进行试验,开挖时仅设置初期支护(石膏)且在夹岩处设置对拉锚杆,以获得隧道群在仅设置初期支护时的破坏形态和地表沉降及初支受力特性。

1. 试验目的

隧道群破坏时先从夹岩开始破坏,经分析认为如果在隧道群开挖过程中能够通过支护手段保证夹岩的稳定性,再辅以初期支护便能够基本保证整个洞群的稳定性。因此,本项试验的目的是通过强度折减法的模拟来评判施作初期支护以及对拉锚杆对隧道群稳定性的作用,并且获得初期支护及对拉锚杆与围岩的破坏机理及形态。

2. 开挖方式

由于开挖后需要设置初期支护,故本次开挖按照设计施工方法,即地铁车站隧道采用双侧壁导坑法,三纵线主隧道采用 CD 法,A、B 匝道采用台阶法。由于空间限制,每种施工方法均为每小部一次开挖 10cm 后统一支撑,然后再一次开挖 10cm。

3. 试验过程及结果

地铁车站隧道和三纵线主隧道试验时的开挖方法如图 4-11(见彩插)所示。

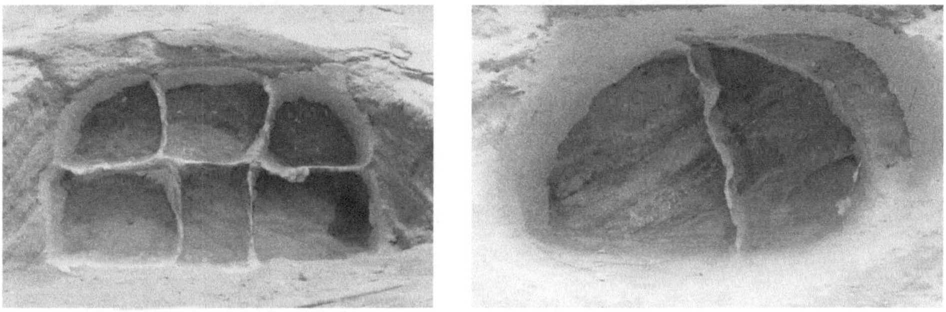

a) 地铁车站开挖——双侧壁导坑法　　b) 三纵线主隧道——CD法

图 4-11　地铁车站隧道及三纵线主隧道开挖方法

整个隧道群试验步骤为:首先,按照双侧壁导坑法开挖地铁车站隧道并用石膏(水膏比:2∶1)作为初期支护,每次开挖进尺为 10cm;其次,开挖三纵线左侧主隧道,采用 CD 法开挖并用石膏(水膏比:2∶1)作为初期支护,每次开挖进尺为 10cm;然后,开挖三纵线右侧主隧道,采用 CD 法开挖并用石膏(水膏比:2∶1)作为初期支护,每次开挖进尺为 10cm;最后,同时开挖 A、B 匝道,采用台阶法开挖并用石膏(水膏比:2∶1)作为初期支护,每次开挖进尺为 10cm。隧道群开挖完成后情况如图 4-12 所示。左右两侧夹岩处均预先埋设了对拉锚杆(图 4-13),当开挖至锚杆时,需

图 4-12　隧道群开挖完成后情况图(仅设置初期支护)

将对拉锚杆的垫片嵌入初期支护中(图4-14),以保证锚杆受力。

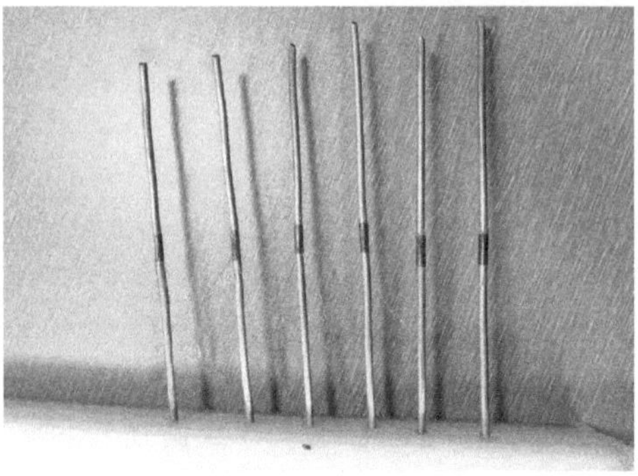

图4-13　贴有应变片的锚杆

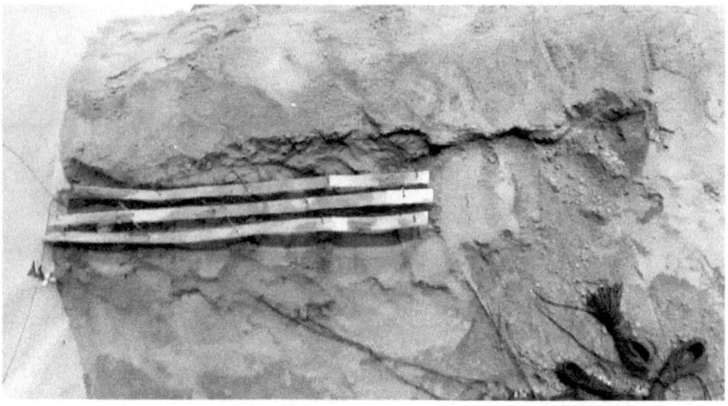

图4-14　对拉锚杆在初期支护中的埋设

在设置初期支护及对拉锚杆后,隧道群基本保持在稳定状态,隧道群开挖过程中,3个监测断面的地表沉降的变化趋势分别如图4-15～图4-17所示。

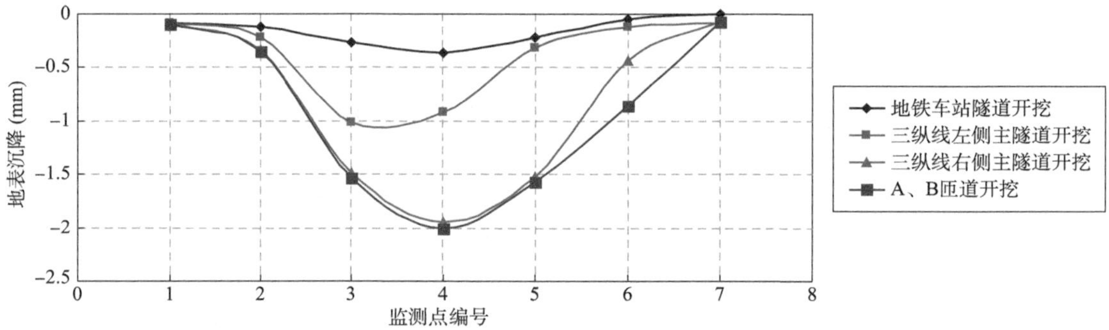

图4-15　监测断面1处地表沉降

注:监测点编号4为地铁车站隧道拱顶对应地表;3、5分别为三纵线左右侧主隧道拱顶对应地表;3、6分别为A、B匝道对应地表。下同。

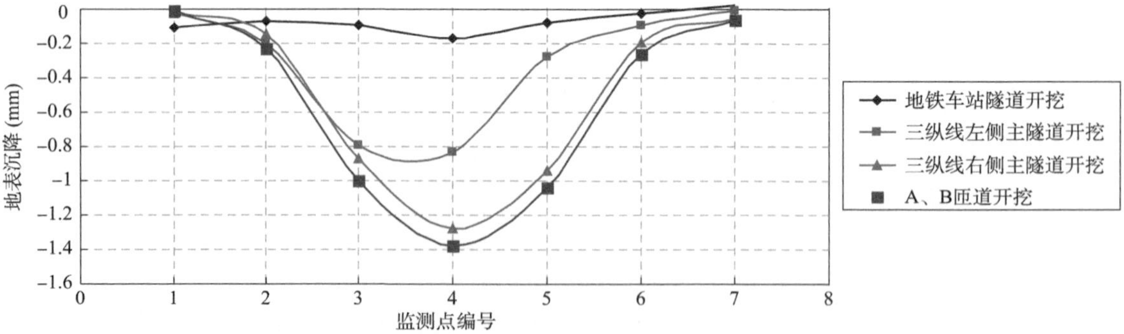

图4-16　监测断面2处地表沉降

由3个监测断面的地表沉降可以看出,在设置初期支护的条件下,隧道群开挖后位移相对较小,故能够基本保持稳定。为了研究在设置初期支护及对拉锚杆时隧道群的破坏机理,通过自行研制的智能加热系统对开挖完成后的隧道群模型围岩模型进行加热,整个加热过程如下。

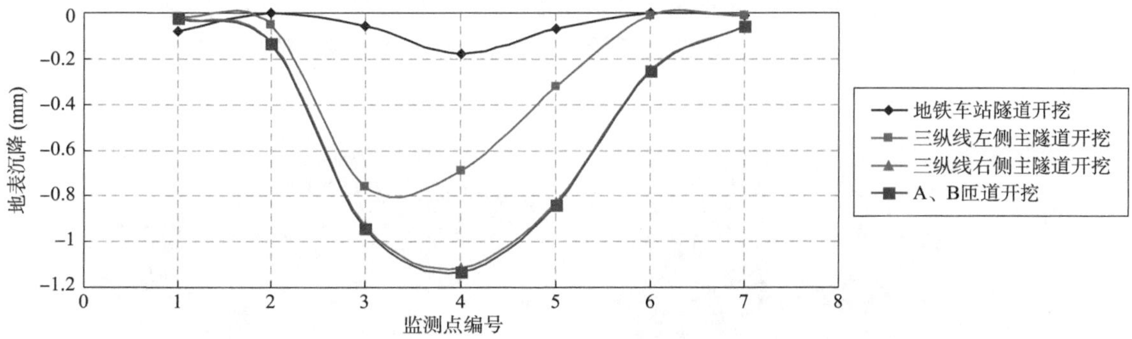

图 4-17　监测断面 3 处地表沉降

开始加热时，模型温度约为 20℃（室温为 21℃），加热 8 小时左右，温度上升至 33℃，此时地铁车站隧道拱顶部位已经发生坍塌，拱顶部位坍塌高度约为 18cm，拱顶约 60°范围内初期支护崩塌，其他部位较好，且左右夹岩对拉锚杆已经部分漏出，如图 4-18、图 4-19 所示，但此时对拉锚杆依旧能够发挥作用，故夹岩处虽有小部分掉块，但是依旧较为稳定；继续对围岩进行加热，加热温度至 35℃左右时（加热时间为 3 小时左右），地铁车站隧道洞口处发生小范围坍塌，如图 4-20 所示；加热温度至 38℃左右时，三纵线左侧主隧道及地铁车站隧道发生大面积坍塌，如图 4-21 所示，此时由于大面积坍塌，导致加热线断裂无法继续加热升温，继续放置 8 小时左右，坍塌逐渐发展至地表，如图 4-22 所示。此时由于三纵线右侧主隧道与地铁车站隧道夹岩较厚，并未在加热时发生破坏，故三纵线右侧主隧道并未发生破坏。

图 4-18　拱顶处发生坍塌，部分对拉锚杆外漏

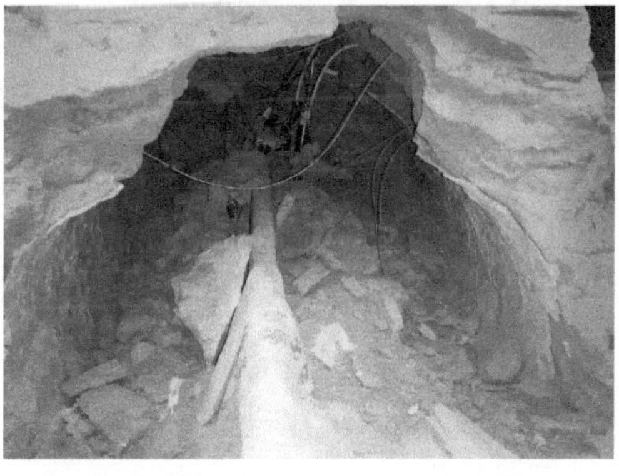

图 4-19　地铁车站洞口坍塌及夹岩继续坍塌

在毛洞试验时已经得出整个隧道群有两个较为危险的破坏点：①由于隧道群的开挖，夹岩成为构成整个隧道群的重要围岩结构，而隧道群的开挖会使夹岩处产生较大的应力集中，从而威胁夹岩稳定，故夹岩处为隧道群最薄弱部分；②由于地铁车站隧道扁平率较大，拱顶部位成拱效应较差，可能会由于支护不及时发生“几何失稳”，这是隧道群的第二个薄弱部分。

由初期支护试验得出的隧道群破坏趋势可以得出，由于初期支护及对拉锚杆的双重加固作用，隧道群的开始破坏点从夹岩处转移至地铁车站隧道拱顶处，但是地铁车站拱顶处坍塌后,依旧会影响夹岩的稳定,当地铁车站隧道初期支护被破坏,且由拱顶逐渐发展至夹岩处时,对拉锚杆对拉加固效应减弱,夹岩开始小范围掉块,最终失稳,致使三纵线左侧主隧道与地铁车站隧道大范围坍塌。

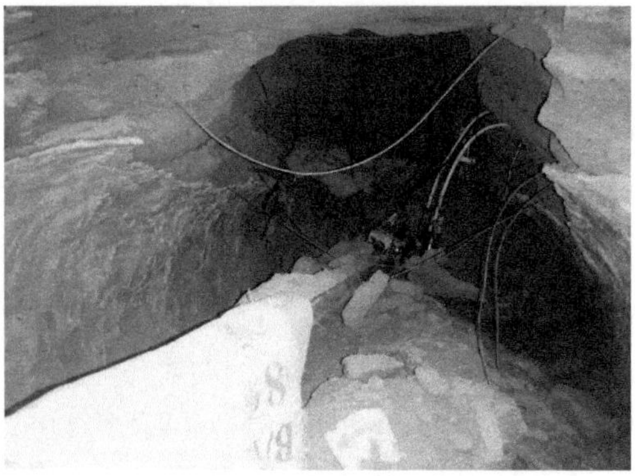

图 4-20 夹岩继续坍塌对拉锚杆外漏,垫片处初期支护破坏

图 4-21 左侧夹岩完全破坏,三纵线左侧主隧道与地铁车站隧道坍塌

图 4-22 隧道群坍塌至地表

在 4.2 节中已经计算了不同温度下相似材料对应的强度折减系数并推导了模型试验的折减系数与原型中的折减系数之间的对应关系表达式。在初期支护试验中,可以认定,隧道群的坍塌是从地铁车站隧道拱顶初支崩塌开始的(温度为 32℃),故可以认为仅设置初期支护时,隧道群的安全系数为 30℃时相似材料对应的强度折减系数 1.2,但是若考虑实际施工过程中各种不可知因素,1.2 的安全系数还是较小,无法完全保证隧道施工安全。

4.4.3 初期支护 + 二次衬砌试验

初期支护 + 二次衬砌试验即按照现有开挖步序进行试验,开挖时不仅设置初期支护(水膏比为 2:1 的石膏),还在初期支护设置后,设置二次衬砌(预制石膏模型)。

1. 试验目的

本项试验的目的是通过强度折减法的模拟来评判施作初期支护 + 二次衬砌对隧道群稳定性的作用,并且获得初期支护 + 二次衬砌与围岩的破坏机理及形态。

2. 开挖方式

由于开挖后需要设置初期支护,故本次开挖按照设计施工方法,即地铁车站隧道采用双侧壁导坑法,三纵线主隧道采用 CD 法,A、B 匝道采用台阶法。由于空间限制,每种施工方法均为每小部一次开挖 10cm 后统一支撑,之后再一次开挖 10cm。地铁车站隧道开挖完成后设置二次衬砌,之后分别开挖三纵线左右主隧道,并分别设置初期支护,三纵线左右主隧道均开挖完成且设置初期支护后,设置二次衬砌,之后开挖 A、B 匝道并设置衬砌。

3. 试验过程及结果

设置初期支护及二次衬砌后，隧道群处于稳定状态，对其进行加热，加热过程中地铁车站隧道的二次衬砌并未出现明显的位移变化；当温度加热至50℃左右时，隧道群依旧处于稳定状态，但是隧道群仰坡处出现明显的裂隙，裂隙主要由A、B匝道拱部开始发展，最后呈弧形连通包围整个隧道群，裂隙最大宽度已达4mm左右，如图4-23～图4-25所示。

图4-23　仰坡处裂隙图

图4-24　隧道群仰坡裂隙发展图

在隧道群施作二次衬砌后，隧道群整体安全系数已经大于1.4。由隧道群围岩破坏形态可以看出，当隧道群设置二次衬砌时，二次衬砌给隧道群较大的支护力，保证隧道群始终处于稳定状态，当围岩强度逐步减小时，整个隧道群的坍塌风险开始向仰坡处转移，即当隧道群修建完成后，现有支护条件能够完全保证隧道群的运营安全，但是此时仰坡的安全储备已经小于隧道群的安全储备，如若运营期中围岩条件发生改变，首先被破坏的是隧道群所处的仰坡，故为保证隧道群安全，在修建隧道群时也应对隧道群所处仰坡设置锚杆等支护手段进行防护，以增加其安全储备，保证整体工程的施工、运营安全。

图4-25　仰坡裂隙细部图

综合毛洞试验、初期支护试验以及初期支护＋二次衬砌试验隧道群的破坏状态以及支护形态可以得出：整个隧道群的破坏机理与支护形式息息相关，隧道群首先被破坏处（最薄弱处）是随着不同的支护参数以及支护形式而逐渐变化的，在没有支护时，隧道群最薄弱处为夹岩处；当设置对拉锚杆及初期支护来加固夹岩后，隧道群的最薄弱处转移到了地铁车站隧道的拱部；而当施作二次衬砌以增加足够的支护力后，此时隧道群的安全系数大于1.4，隧道群仰坡会出现裂隙，但并未出现大面积滑塌现象,隧道群的稳定问题转移为了仰坡的稳定性问题。因此确定整个隧道群的重点薄弱环节并且进行有效的针对性支护,保证每个薄弱环节都有相当的安全储备才是隧道群的最优支护方式。

4.5 城市复杂隧道群施工过程力学分析

由于多个隧道先后开挖且相互影响,隧道群施工过程力学情况相对比较复杂。本节主要分为三小节对隧道群施工过程力学情况进行分析。由前述分析可知,地铁车站隧道及左右两处夹岩是整个隧道群最主要的薄弱环节,故本节重点分析隧道群开挖过程对地铁车站及夹岩的影响。

4.5.1 试验过程

试验完全按照原型施工过程进行,开挖时设置初期支护(水膏比为 2∶1 的石膏)和二次衬砌(预制石膏模型),以量测隧道群开挖过程中的应力及位移变化。

1. 试验目的

本项试验的目的是通过试验仿真,模拟原型施工过程,以获得隧道群开挖过程中的应力、位移及结构受力变化,对城市复杂隧道群施工过程的力学状态进行分析。

2. 开挖方式

开挖按照设计施工方法,即地铁车站隧道采用双侧壁导坑法,三纵线主隧道采用 CD 法,A、B 匝道采用台阶法。由于空间限制,每种施工方法均为每小部一次开挖 10cm 后统一支撑,之后再一次开挖 10cm。地铁车站隧道开挖完成后设置二次衬砌,之后分别先后开挖三纵线左右主隧道,并分别设置初期支护及二次衬砌,然后同时开挖 A、B 匝道并设置衬砌。

3. 试验过程及结果

整个隧道群试验步骤是:首先,按照双侧壁导坑法开挖地铁车站隧道并用石膏(水膏比:2∶1)作为初期支护,每次开挖进尺为 10cm,开挖完成后设置二次衬砌(预制);然后,开挖三纵线左侧主隧道,采用 CD 法开挖并用石膏(水膏比:2∶1)作为初期支护,每次开挖进尺为 10cm,开挖完成后设置二次衬砌(预制);之后开挖三纵线右侧主隧道,采用 CD 法开挖并用石膏(水膏比:2∶1)作为初期支护,每次开挖进尺为 10cm,开挖完成后设置二次衬砌(预制);最后同时开挖 A、B 匝道,采用台阶法开挖并用石膏(水膏比:2∶1) 作为初期支护,每次开挖进尺为 10cm,开挖完成后情况设置二次衬砌(预制)。隧道群开挖完成后情况如图 4-26 所示。左右两侧夹岩处均预先埋设了对拉锚杆,当开挖至锚杆时,需将对拉锚杆的垫片嵌入初期支护中,以保证锚杆受力。

4.5.2 隧道群位移场的演变规律分析

由于隧道群内部空间较为复杂,本次试验主要对地表沉降进行量测,隧道群施工完成后地表沉降情况如图 4-27 ~ 图 4-29 所示。

图 4-26 隧道群开挖完成后情况图

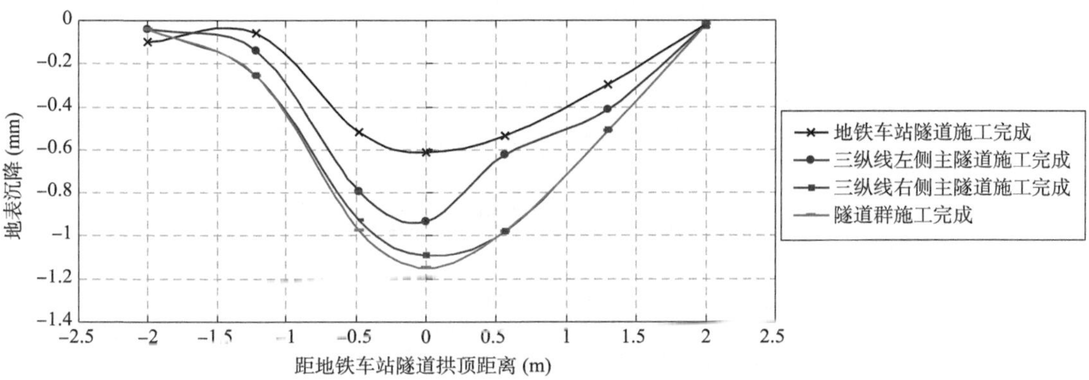

图 4-27 监测断面 1 地表沉降

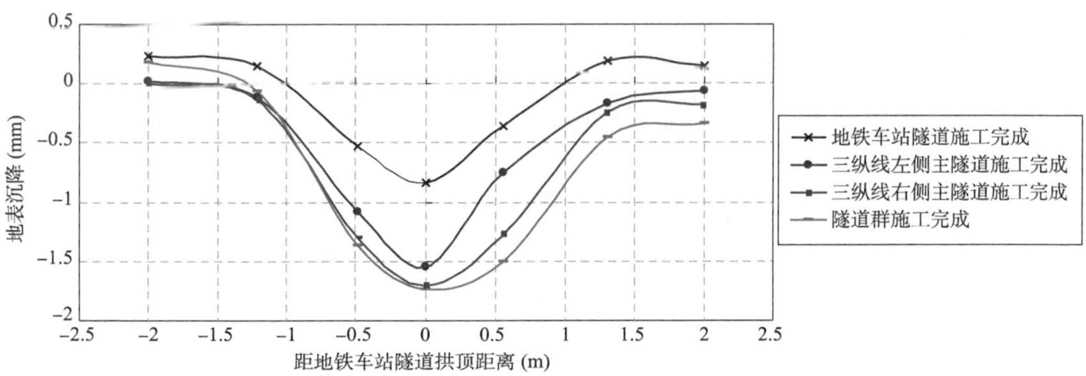

图 4-28 监测断面 2 地表沉降

由图 4-27 ~ 图 4-29 可以看出,监测断面 1 的最大位移为 1.15mm,监测断面 2 的最大位移为 1.73mm,监测断面 3 的最大位移为 1.56mm,位置均在地铁车站隧道拱顶处地表。地表沉降有随着埋深的增加逐渐增大,然后减小的趋势,但是相对变化量较小。地铁车站隧道拱顶处、三纵线左侧主隧道拱顶处,及三纵线右侧车站拱顶处地表沉降随隧道群施工变化曲线分别如图 4-30 ~ 图 4-33 所示。

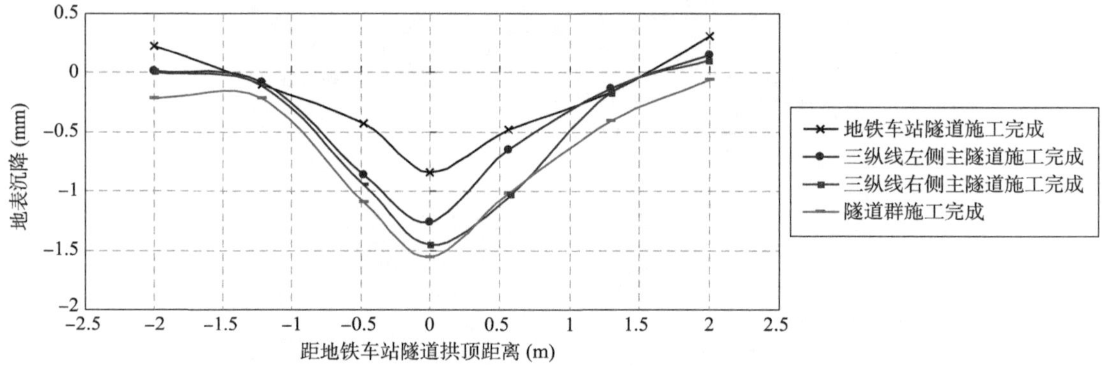

图 4-29　监测断面 3 地表沉降

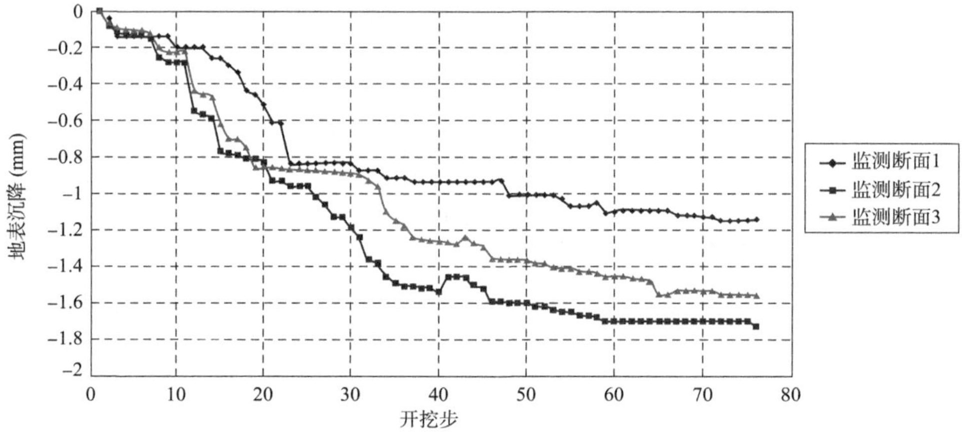

图 4-30　地铁车站隧道拱顶位置地表沉降曲线

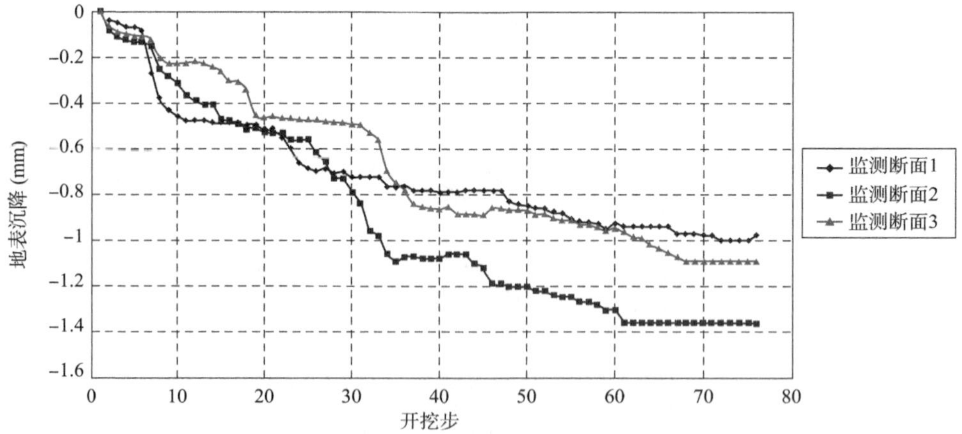

图 4-31　三纵线左侧主隧道拱顶位置地表沉降曲线

由图 4-30 ~ 图 4-32 能够看出，地表沉降随隧道群的开挖逐渐增加，且在开挖地铁车站隧道时地表沉降已经影响到了三纵线主隧道处，地表沉降受三个隧道施工的相互影响，地铁车站隧道拱顶处地表沉降最大，其次为三纵线右侧主隧道，三纵线左侧主隧道拱顶处地表沉降最小。

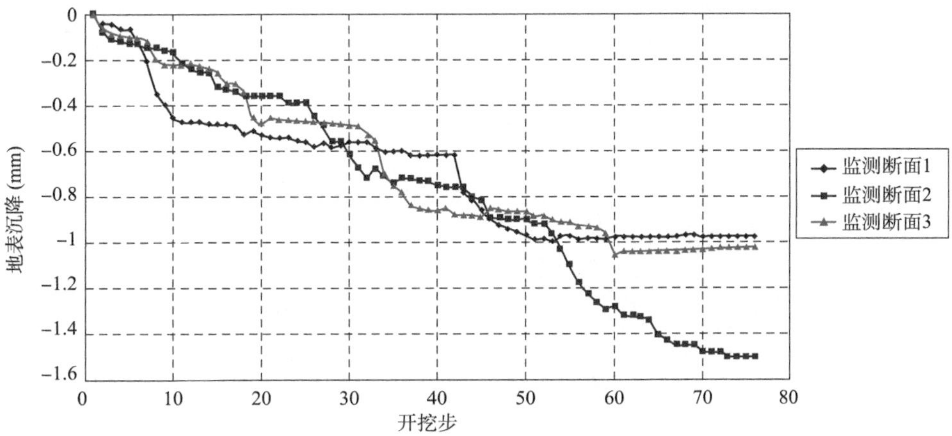

图 4-32　三纵线右侧主隧道拱顶位置地表沉降曲线

4.5.3　隧道群支护结构受力的演变规律分析

在室内试验中,支护结构受力主要为二次衬砌所受内力及围岩压力。二次衬砌内力是通过在二次衬砌内外表面粘贴应变片测得隧道开挖过程中衬砌内外表面的应变值来推算衬砌的弯矩和轴力;二次衬砌所受围岩压力是通过二次衬砌外表面粘贴微型土压力盒来量测隧道开挖过程中二次衬砌所承受的围岩压力。本次试验主要测量了地铁车站隧道二次衬砌内力、围岩压力及三纵线主隧道二次衬砌的内力及围岩压力。

监测断面 3 位置的地铁车站隧道二次衬砌内力及围岩压力在不同开挖步下的情况分别如图 4-33(见彩插)、图 4-34(见彩插)所示,由于监测断面 2 位置的弯矩、轴力及围岩压力在不同开挖步下与监测断面 3 规律基本相同,故未在本书中给出。

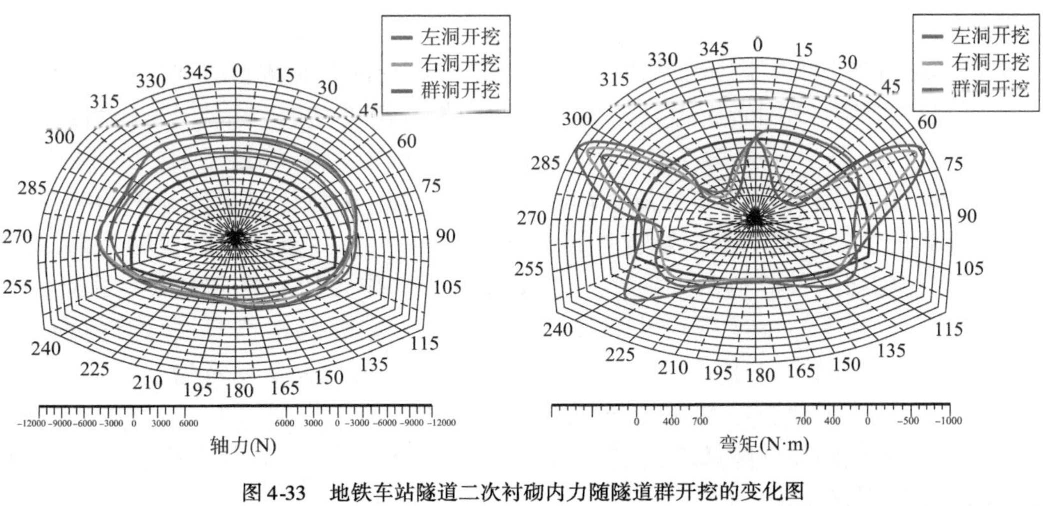

图 4-33　地铁车站隧道二次衬砌内力随隧道群开挖的变化图

由于地铁车站隧道二次衬砌是在初期支护完全收敛后施作的,在隧道群上部隧道开挖前,二次衬砌几乎未受力,故未在图中给出。由图 4-33、图 4-34 以可看出,三纵线主隧道开挖时对地铁车站隧道二次衬砌内力影响较大。

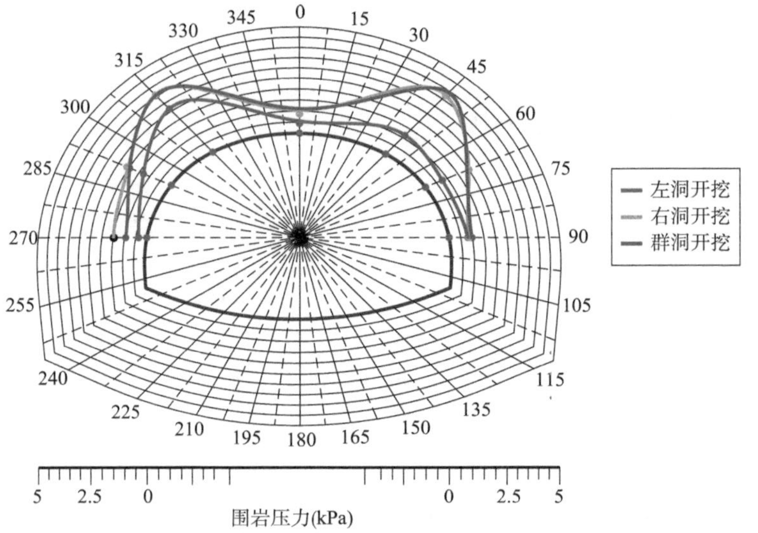

图 4-34　地铁车站隧道二次衬砌围岩压力随隧道群开挖变化图

(1)对于衬砌轴力,当三纵线左侧主隧道开挖后,衬砌轴力增加且呈不对称分布,左拱腰及左边墙处轴力增加较大;当三纵线右侧主隧道开挖后,衬砌轴力再次增加,最大轴力依旧在衬砌左拱腰及左边墙处;A、B 匝道的开挖对衬砌轴力几乎没有影响。

(2)对于衬砌弯矩,三纵线隧道开挖对地铁车站二次衬砌的弯矩影响较大。当三纵线左侧主隧道开挖后,由于夹岩应力集中效应使夹岩处衬砌受力大幅增加,故夹岩处衬砌内侧出现较大负弯矩,而对于夹岩下部衬砌,受夹岩应力集中效应影响较小,且左上部出现由于隧道开挖而引起的临空面,故夹岩处,下部衬砌外侧出现较大负弯矩;三纵线右侧主隧道开挖后使衬砌右侧也产生相同现象,且使左侧夹岩处衬砌的弯矩再次增加;A、B 匝道的施工对衬砌弯矩影响较小。

地铁车站隧道二次衬砌所受围岩压力随隧道群开挖的变化规律如图 4-35 所示,地铁车站隧道二次衬砌所受围岩压力是随隧道群的开挖逐渐增加的,最大围岩压力出现在左右拱腰处,左拱腰围岩压力为 7.79kPa,右拱腰围岩压力为 7.09kPa,其次为拱顶处,为 2.83kPa;监测断面 3 中地铁车站隧道埋深 h 约为 1.1m,相似材料重度 γ 约为 25kN/m^3,按照 γh 计算地铁车站隧道拱顶处竖向地应力应为 27.5kPa。按照试验量测结果,地铁车站隧道二次衬砌在隧道群施工完成后,拱顶处所受围岩压力为围岩自重应力的 10.29%,左拱腰所受围岩压力为自重应力的 28.32%,右拱腰所受围岩压力为自重应力的 25.78%。在 4.4 节不同支护条件下的围岩破坏机理中,若地铁车站隧道支护较弱导致夹岩破坏直至隧道群坍塌至地表,地铁车站隧道衬砌所受坍塌荷载约为 27.5kPa,但是当地铁车站隧道支护能够保证隧道群稳定且充分利用围岩自承能力时,衬砌仅受形变压力,其值远远小于坍塌荷载。

监测断面 3 位置的三纵线主隧道二次衬砌内力及围岩压力在不同开挖步下的变化图分别如图 4-35 ~ 图 4-38(见彩插)所示。

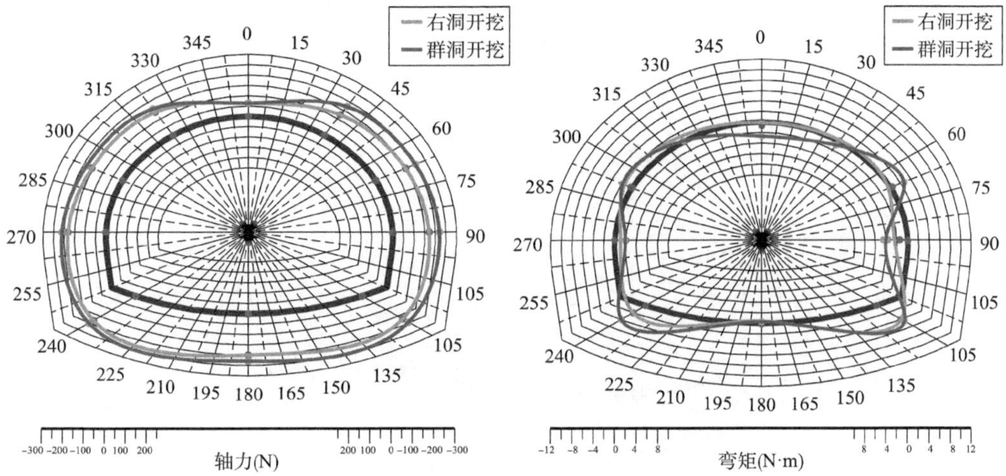

图 4-35 三纵线左侧主隧道二次衬砌内力随隧道群开挖变化图

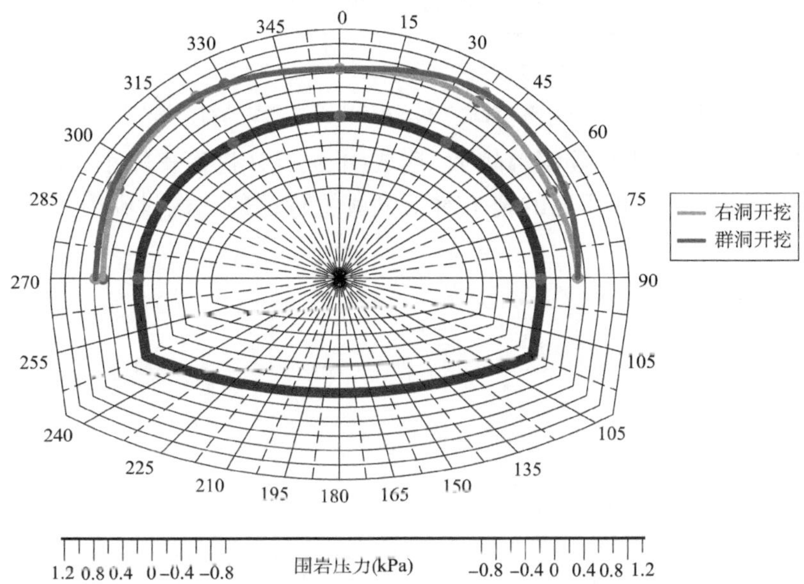

图 4-36 三纵线左侧主隧道二次衬砌围岩压力随隧道群开挖变化图

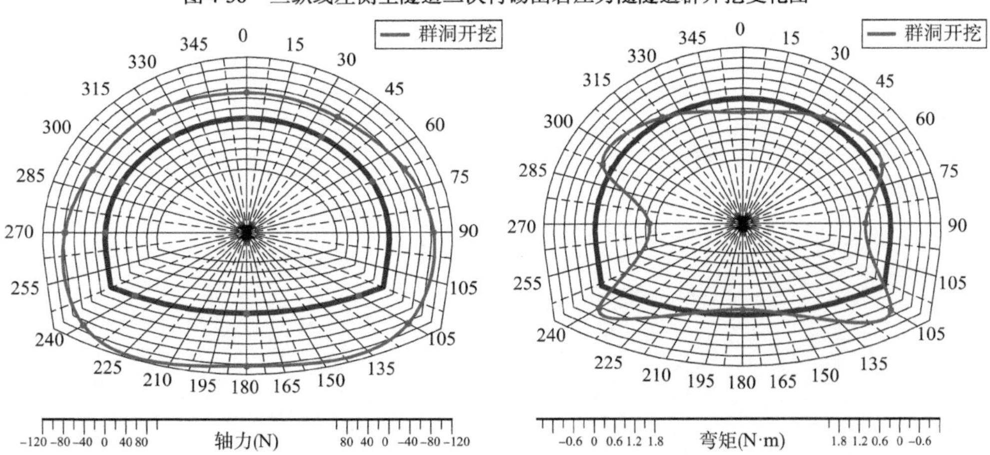

图 4-37 三纵线右侧主隧道二次衬砌内力随隧道群开挖变化图

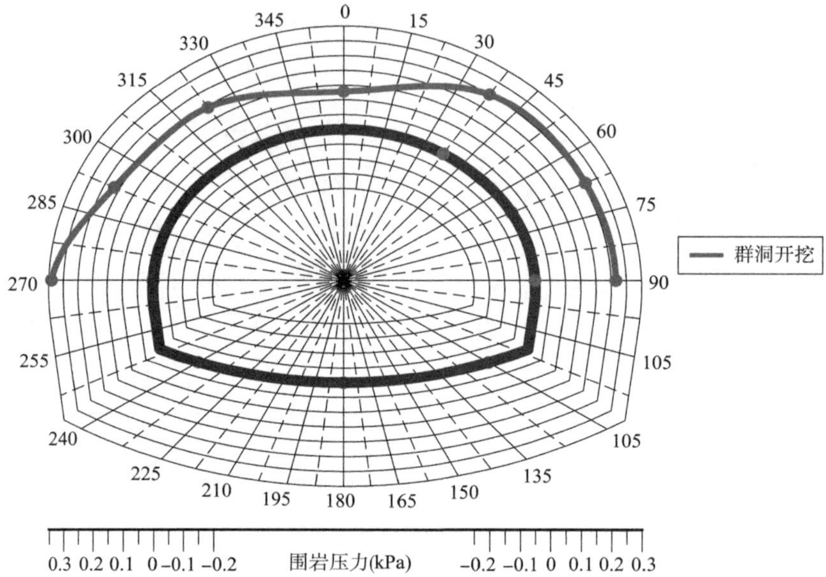

图 4-38　三纵线右侧主隧道二次衬砌围岩压力随隧道群开挖变化图

由于三纵线左右主隧道相隔距离较大，且 A、B 匝道开挖面积较小，故三纵线各隧道之间的相互近接影响较小，A、B 匝道的施工对三纵线主隧道的二次衬砌内力及围岩压力影响均较小。

第5章　基于数值模拟的隧道群施工过程力学分析

理论解析方法无法分析复杂隧道群中多个隧道近接施工时的多次应力重分布及相应的位移变化规律。室内试验虽然能够较直观地反应出围岩变形的非线性特征以及围岩逐步破坏的过程，但是受到室内模型尺寸、试验时间及费用的限制，室内模型试验对于复杂隧道群近接工程也较难完全按照隧道近接形态进行模拟，监测手段的限制也较难精确量测其位移、应力等。随着计算机技术的发展，数值模拟技术已经被岩土工程师所接受，它不仅能够完全真实模拟隧道地形、隧道群近接空间结构，还具有计算时间少、灵活等优点，故数值模拟既是对城市复杂隧道群施工过程力学分析的一种有效手段，又是室内模型试验的一种补充。本章通过三维数值模拟进行重庆红岩村隧道群施工过程力学分析，并与室内模型试验结果进行比对分析。

5.1　数值模型的建立及参数的选取

5.1.1　计算模型

三维数值模拟分析虽然所需时间多、对计算机硬件要求高，但能够将时间和空间效应完全再现出来，将围岩和支护结构在施工全过程中的纵向力学效应以及各隧道之间的相互影响完全模拟出来。本节将通过三维差分元数值分析，对三纵线隧道与地铁车站之间的相互影响进行全过程数值模拟研究。

为充分模拟隧道的三维空间效应，计算模型所取的范围是：根据实际工程情况沿纵向取80m（其中包括三纵线主洞，A、B 匝道，地铁车站主洞，风道，风井），沿横向取 170m，根据实际情况模拟上部地形，模拟计算采用 FLAC 3D 差分元通用程序。约束情况：前后、左右方向施加水平约束，垂直方向底面施加竖向约束，顶面为自由面。在整个模拟过程中，差分元模型共划分 707849 个节点及 190109 个单元，计算中围岩采用实体单元模拟，为理想弹塑性模型，服从摩尔-库仑准则。初期支护采用 FLAC 3D 中自带结构单元 Shell 单元模拟，二次衬砌采用实体单元模拟，服从弹性准则。三维模型正视图如图 5-1（见彩插）所示，地铁车站隧道及风道风机空间分布如图 5-2（见彩插）所示，三纵线隧道空间分布如图 5-3（见彩插）所示，整个隧道群内部空间关系如图 5-4（见彩插）所示。

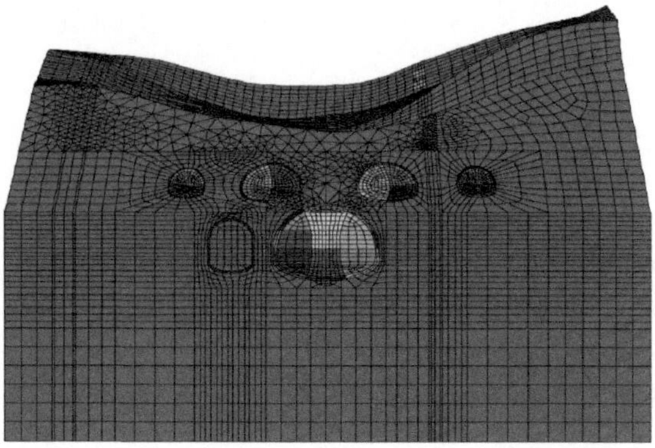

图 5-1　三维模型正视图

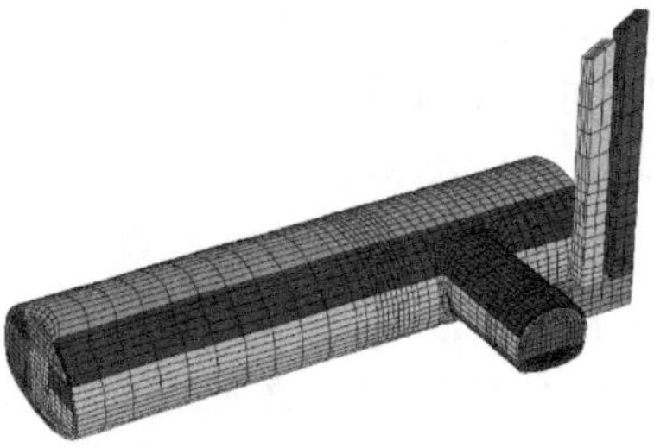

图 5-2　地铁车站隧道及风道风机空间关系图

图 5-3　三纵线隧道群空间关系图

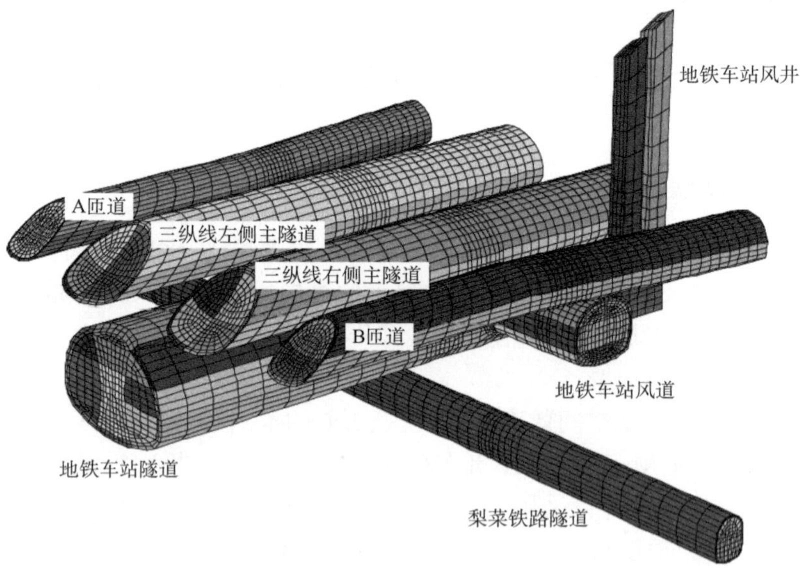

图 5-4　隧道群内部空间关系图

5.1.2　计算参数

计算时围岩和建筑材料的物理力学指标结合《重庆市轨道交通 5 号线一期工程先期开工段红岩村站岩土工程详细勘察报告》及《公路隧道设计规范》(JTG D70—2004)加以选取。具体见表 5-1 ~ 表 5-3。

围岩物理力学参数　　表 5-1

地层	重度(N/m³)	弹性模量(MPa)	泊松比	内摩擦角 φ(°)	黏聚力 c(kPa)
泥质砂岩	2590	1420	0.35	30.0	500

初期支护的物理力学参数　　表 5-2

施工地点	初支厚度(cm)	弹性模量(GPa)	重度(N/m³)	泊松比
地铁车站	33	23	2500	0.20
三纵线左线	27	23	2500	0.20
三纵线右线	27	23	2500	0.20
A、B 匝道	24	23	2500	0.20

二次衬砌的物理力学参数　　表 5-3

施工地点	二次衬砌厚度(cm)	弹性模量(GPa)	重度(N/m³)	泊松比
地铁车站	100	31	2500	0.20
风道	70	31	2500	0.20
三纵线左线	60	31	2500	0.20
三纵线右线	60	31	2500	0.20
A、B 匝道	50	31	2500	0.20

5.1.3　计算步骤

隧道群施工时由于多个隧道的先后开挖致使围岩应力受到多次扰动，从而进行多次重分布，且由于既有隧道的存在，围岩已不是处于原始应力状态，故计算时需要考虑既有隧道及新建隧道对围岩应力重分布的影响，以能够较为精确的分析隧道间的相互影响。本次计算步骤如图 5-5 所示。

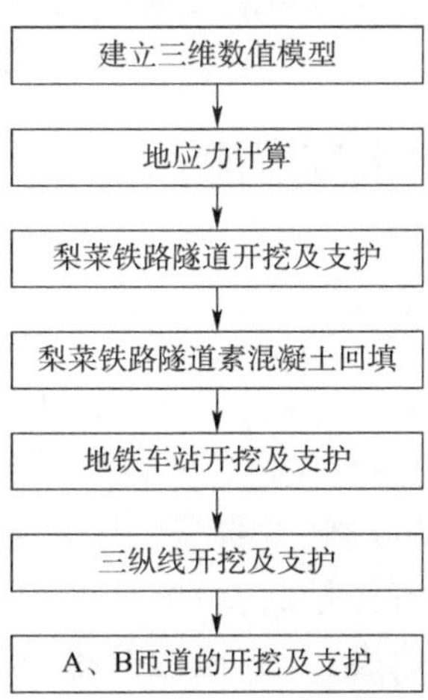

图 5-5　隧道群计算步骤

5.2 城市复杂隧道群施工过程力学演变规律分析

5.2.1 "过程相关性设计"理念

地下工程的施工过程是一个几何形状与材料特性逐步变化的不完整结构,在时间和空间上承受不断变化的施工荷载的受力过程。目前,学术界已将这一涉及工程地质学、水文地质学、岩土力学、固体力学、结构力学、计算力学、控制理论等多门学科的交叉领域定义为一门新的学科分支——施工过程力学。这门新的学科的主要特点是研究荷载随时间变化的问题,而施工过程中,结构的几何形状与材料特性也是动态变化的,当涉及多个地下工程先后近接施工时,空间状态也是动态变化的,因此研究内容更为复杂。文献对单个大断面隧道的施工过程力学进行了研究,其中包括多部开挖过程中围岩应力、塑性区、位移以及围岩压力的变化规律,并通过对比传统隧道状态的设计方法,即认为隧道是一次开挖完成,不考虑隧道多部施工的影响,认为在单个大断面施工时,采取不同开挖支护方案,其塑性区变化、位移变化以及围岩压力变化都会大不相同,每一施工步不仅仅影响当前状态下的围岩稳定性还对下一步施工的围岩稳定性有较大影响且对最终完整结构的受力状态有着不可忽视的持续作用。对于隧道群施工过程的相关设计,目前多聚焦于地下隧道群的施工顺序优化以及主隧道的施工步序优化,对于地下隧道群,不同的隧道施工顺序对围岩稳定性的影响是不同的,通过过程相关性设计的理念,能够根据施工时每一步的隧道力学响应和相关物理量的变化规律来指导施工工法以及进行针对性支护。

过程相关设计体现了系统科学内容,即将隧道作为一个整体,其开挖步骤视为整体中的要素,对各个要素进行分析和研究,根据工程力学建立基本假设和抽象化,通过分析各个要素,从而实现对隧道整体的研究,得到隧道整体的力学特征。它体现了系统科学中的由总到分,由分到总的设计原则。过程设计理念重点考虑了隧道施工过程的影响,特别是对于隧道群的近接工程更符合实际情况。

5.2.2 隧道群塑性区的演变规律

1. 梨菜铁路隧道段

梨菜铁路隧道段围岩塑性区在隧道群施工过程中的演变发展如图 5-6(见彩插)所示。由图 5-6 可以看出,当地铁车站隧道开挖后,地铁车站隧道周围均出现了小范围的塑性区。且地铁车站隧道与三纵线主隧道的左右夹岩位置也出现了塑性区但塑性区并未完全扩展至夹岩范围;三纵线左侧主隧道开挖后左侧夹岩塑性区贯通且三纵线左侧主隧道拱顶处塑性区已发展至地表;三纵线右侧主隧道开挖后,右侧夹岩塑性区贯通,但三纵线右侧主隧道拱顶处塑性区发展较小,并未发展至地表;A、B 匝道开挖对隧道群整体塑性区发展影响较小,仅在 A、B 匝道仰拱处出现小范围塑性区。

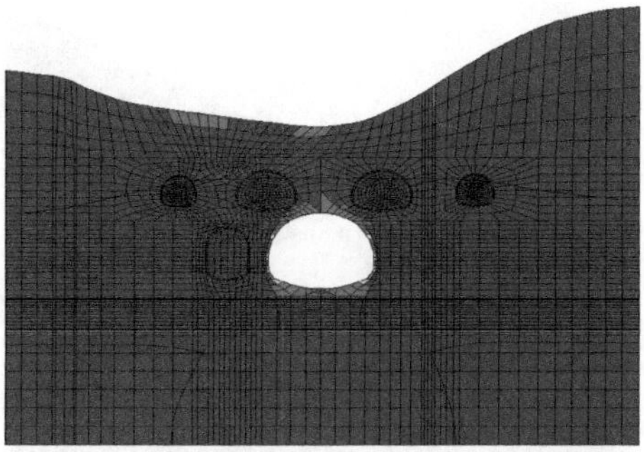

a) 地铁车站隧道施工后

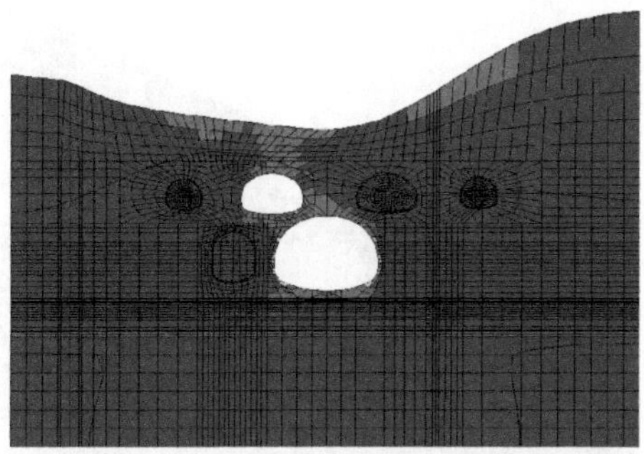

b) 三纵线左侧主隧道施工后

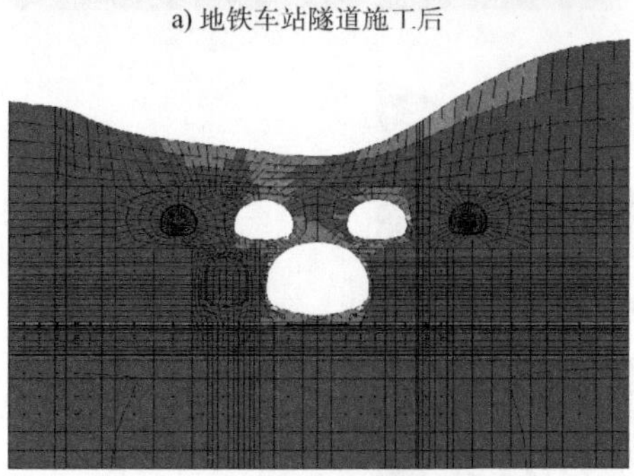

c) 三纵线右侧主隧道施工后

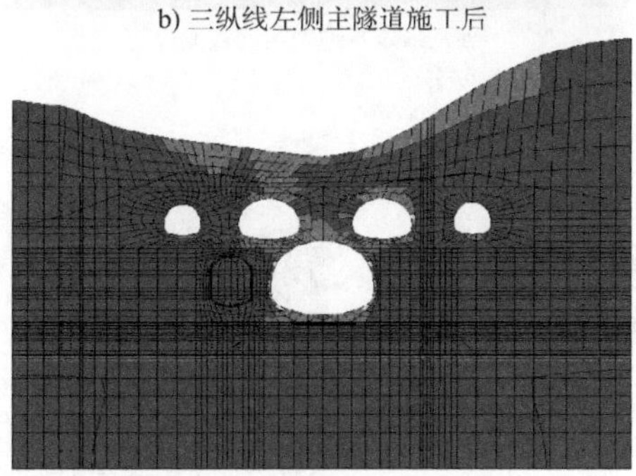

d) A、B匝道隧道施工后

图 5-6　梨菜铁路断面处塑性区在隧道群施工过程中演变发展

2. 风道隧道段

风道隧道段围岩塑性区随隧道群施工过程的演变发展如图 5-7(见彩插)所示。当地铁车站隧道开挖后,地铁车站隧道周围均出现了小范围的塑性区。且地铁车站隧道与三纵线主隧道的左右夹岩位置也出现了塑性区,但塑性区并未完全扩展至夹岩全部范围;地铁风道隧道施工后风道塑性区已完全贯通三纵线右侧主隧道的夹岩;三纵线左侧主隧道开挖后左侧夹岩塑性区贯通且三纵线左侧主隧道拱顶处塑性区已发展至地表;三纵线右侧主隧道开挖后,右侧夹岩塑性区贯通,但三纵线右侧主隧道拱顶处塑性区发展较小并未发展至地表;A、B 匝道开挖对隧道群整体塑性区发展影响较小,仅在 A、B 匝道仰拱处出现小范围塑性区。

隧道群围岩塑性区如图 5-8(见彩插)所示。综合梨菜铁路断面及风道隧道断面两个截面的塑性区演变规律,由于夹岩在地铁车站隧道施工时出现了部分塑性区,因此建议在地铁车站隧道及风道隧道施工时设置超前支护以保护夹岩,减小夹岩处围岩释放及隧道施工对夹岩的扰动。

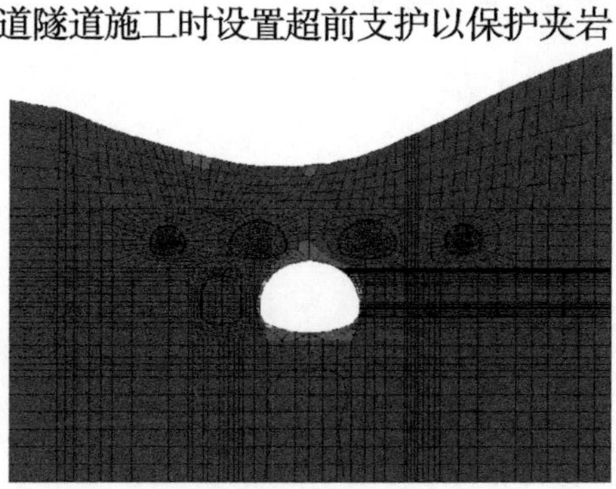

a) 地铁车站隧道施工后

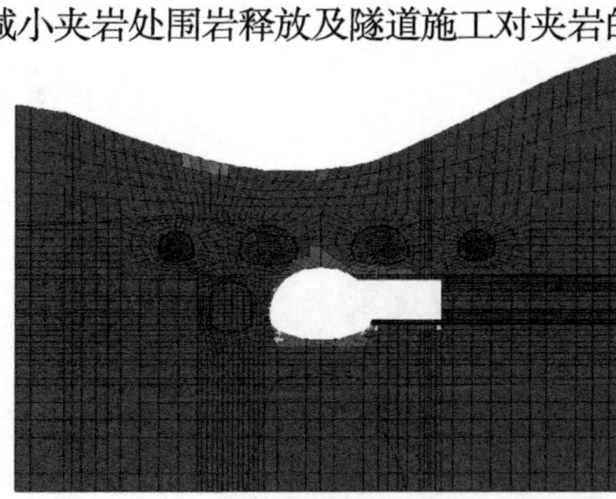

b) 地铁风道隧道施工后

图　5-7

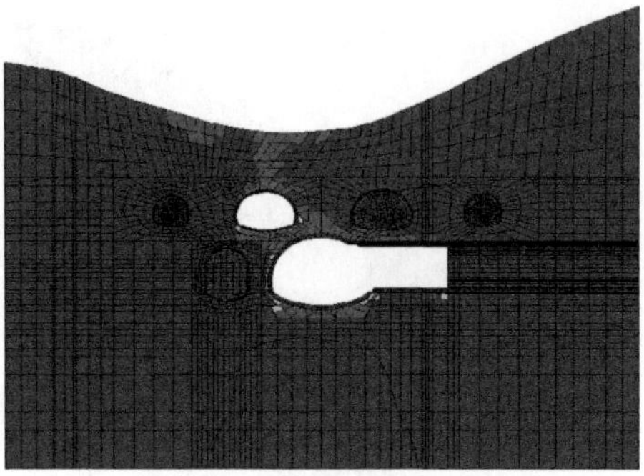

c) 三纵线左侧主隧道施工后

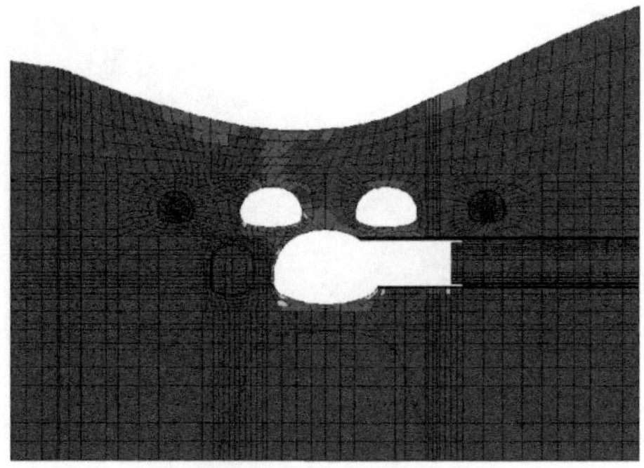

d) 三纵线右侧主隧道施工后

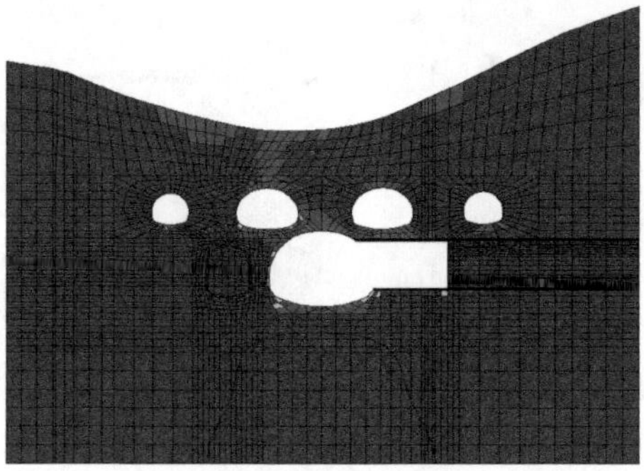

e) A、B匝道隧道施工后

图 5-7　风道隧道断面处塑性区随隧道群施工过程演变

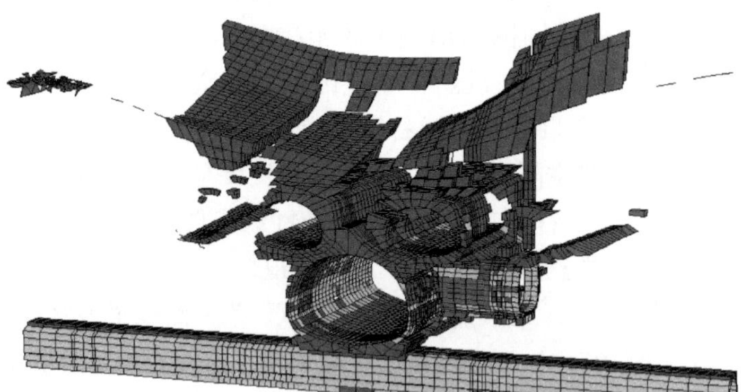

图 5-8　隧道群围岩塑性区

5.2.3　隧道群应力场演变规律分析

1. 梨菜铁路隧道段

围岩主应力矢量如图 5-9 所示。

在隧道群施工过程中夹岩处有明显的应力集中现象：左侧夹岩最大主应力为 2.09MPa，最小主应力为 0.25MPa；右侧夹岩最大主应力为 1.95MPa，最小主应力为 0.14MPa。由于隧道群的开挖夹岩处主应力产生了较大程度的偏转。

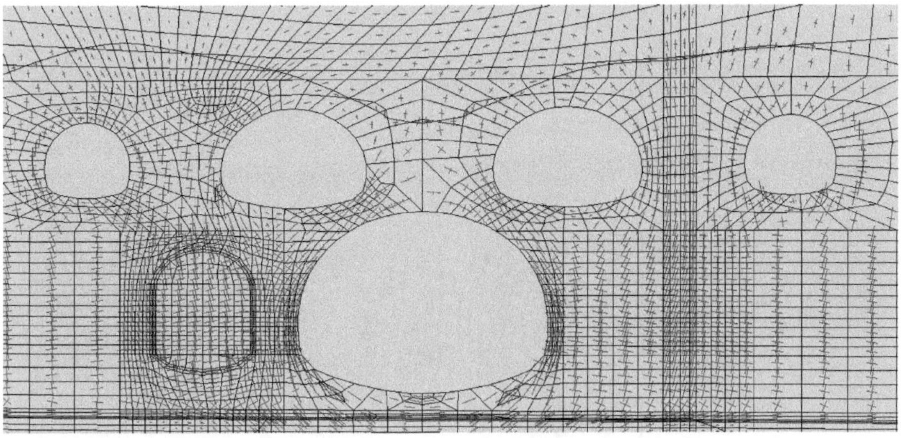

图 5-9　围岩主应力矢量图

2. 风道隧道段

围岩主应力矢量如图 5-10 所示。

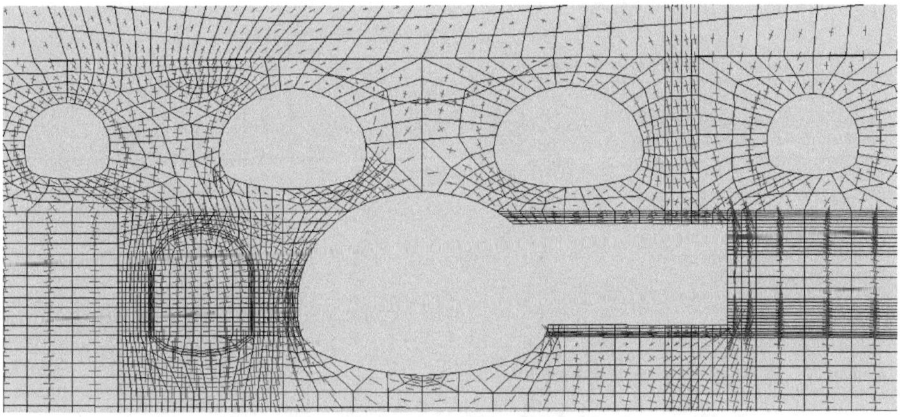

图 5-10　围岩主应力矢量图

在隧道群施工过程中左侧夹岩处有明显的应力集中现象；左侧夹岩最大主应力为 2.37MPa，最小主应力为 0.42MPa，明显大于梨菜铁路断面的左侧夹岩；右侧夹岩虽然也有小幅度的应力集中但是应力集中现象相较左侧夹岩并不明显，右侧夹岩最大主应力为 1.45MPa，最小主应力为 0.10MPa。在地铁车站风道隧道拱顶与三纵线右侧主隧道的仰拱之间的夹岩并未发生应力集中，其最大主应力为 1.02MPa，最小主应力为 0.08MPa。

由于隧道群的开挖，夹岩处主应力产生了较大程度的偏转，而地铁车站风道隧道拱顶与三纵线右侧主隧道的仰拱之间的夹岩，由于上覆三纵线右侧主隧道的大面积开挖使夹岩处应力出现大面积释放卸载，虽然由于上部分的大面积卸载会使夹岩所受应力减小，但是由于卸载作用，围岩的裂隙也会张裂使夹岩承载能力大幅下降，故在三纵线右侧主隧道施工至风道隧道时，应对其夹岩进行注浆加固以填充围岩裂隙，保证夹岩承载能力。

5.2.4　隧道群位移场演变规律分析

1. 梨菜铁路隧道段

梨菜铁路隧道段隧道群围岩位移矢量如图 5-11 所示。

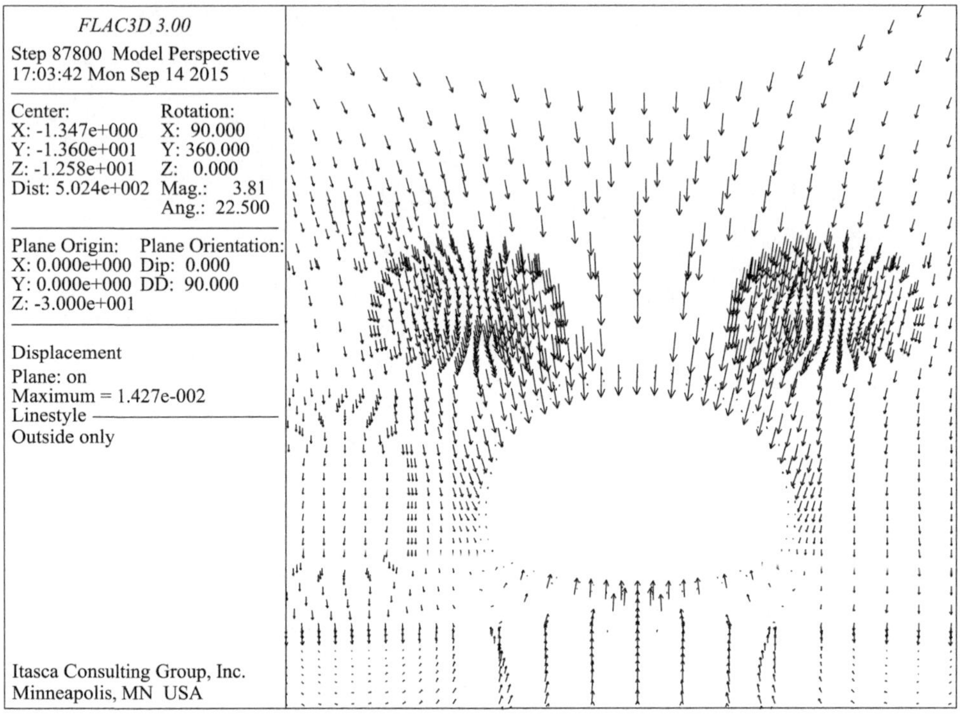

a) 地铁车站隧道施工后

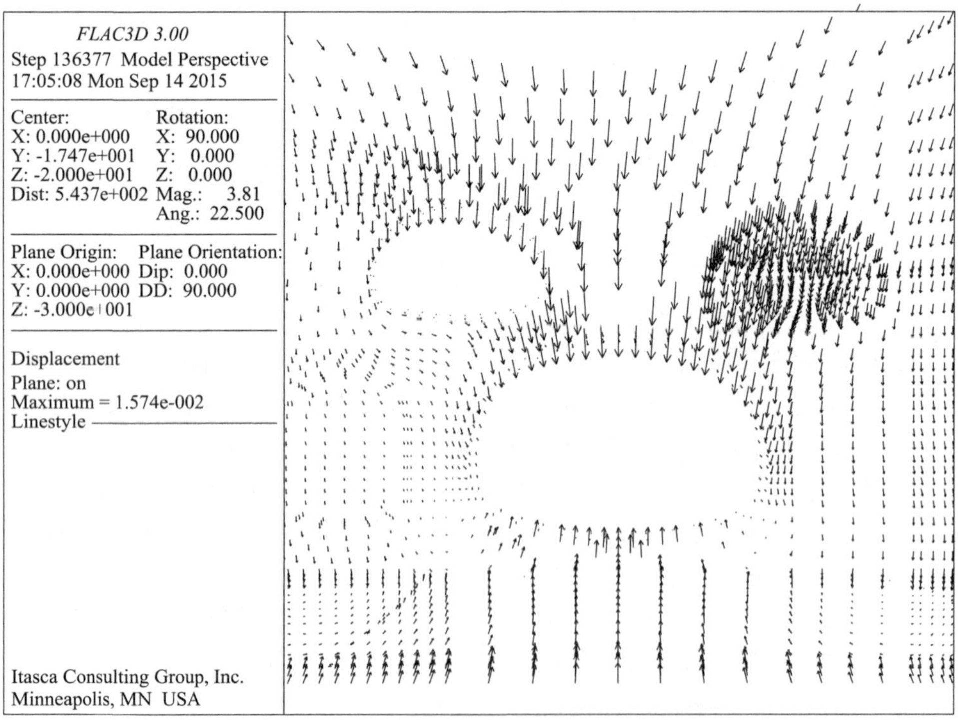

b) 三纵线左侧主隧道施工后

图 5-11

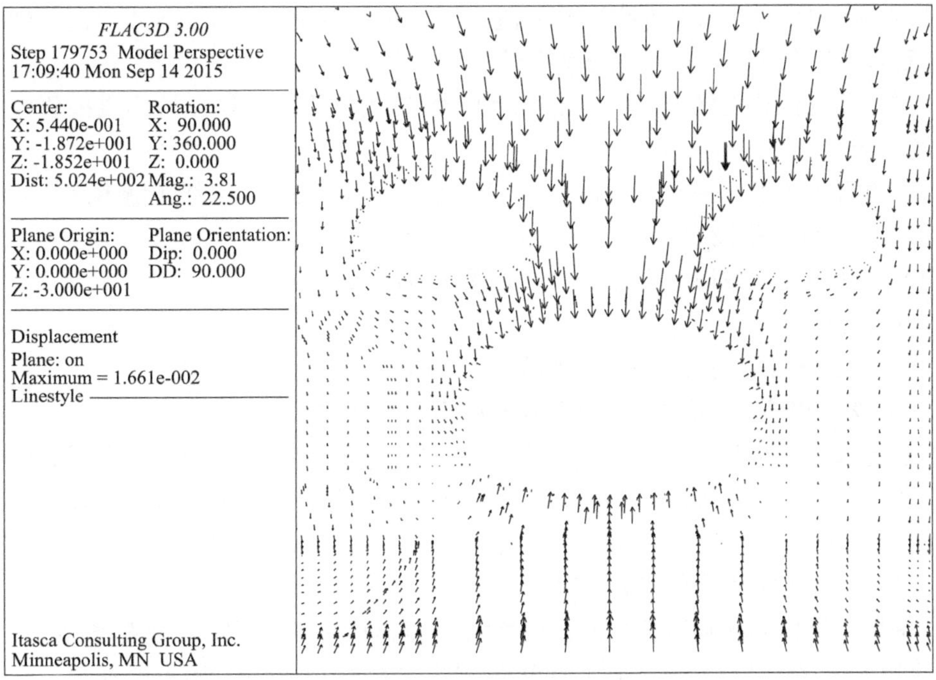

c) 三纵线右侧主隧道施工后

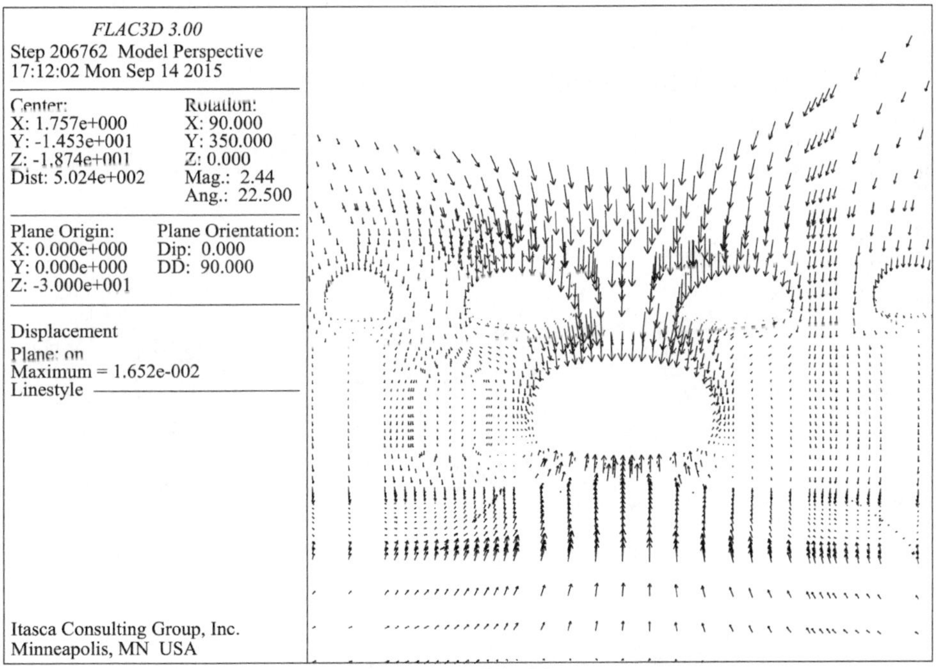

d) A、B匝道施工后

图 5-11　隧道群围岩位移矢量图(尺寸单位:m)

由图 5-11 可以看出,围岩的变形存在着以下几点规律。

(1)在隧道群分部开挖的过程中,地铁车站隧道围岩位移总体表现为开挖轮廓向内收敛变形;三纵线左侧主隧道围岩位移有整体向下及整体向右侧偏转的趋势,且右侧仰拱处有向地铁车站隧道变形的趋势；三纵线右侧主隧道围岩位移有整体向下及整体向左侧偏转的趋势，且左侧仰拱处有向地铁车站隧道变形的趋势。

（2）围岩开挖位移随隧道群的开挖逐渐增大，最大位移为地铁车站隧道拱顶处，其次为左右两侧夹岩。

（3）隧道群中隧道水平向变形较小，以竖向变形为主，且在三纵线主隧道施工后，地铁车站隧道水平向位移几乎没有增加。

（4）A、B 匝道施工对隧道群围岩位移几乎没有影响。

2. 风道隧道段

风道隧道段隧道群围岩位移矢量如图 5-12 所示。

由图 5-12 可以看出，围岩的变形存在着以下几点规律。

（1）在隧道群分步开挖的过程中，地铁车站隧道围岩位移总体表现为开挖轮廓向内收敛变形；三纵线左侧主隧道围岩位移有整体向下及整体向右侧偏转的趋势，且右侧仰拱处有向地铁车站隧道变形的趋势；三纵线右侧主隧道围岩位移有整体向下及整体向左侧偏转的趋势，且左侧仰拱处有向地铁车站隧道变形的趋势。

（2）围岩开挖位移随隧道群的开挖逐渐增大，同梨菜铁路不同，风道隧道由于风道隧道的开挖使最大位移处于地铁车站隧道拱顶偏右侧位置，其次为左右两侧夹岩。

（3）隧道群中隧道水平向变形较小，以竖向变形为主，且在三纵线主隧道施工后，地铁车站隧道水平向位移几乎没有增加。

（4）A、B 匝道施工对隧道群围岩位移几乎没有影响。

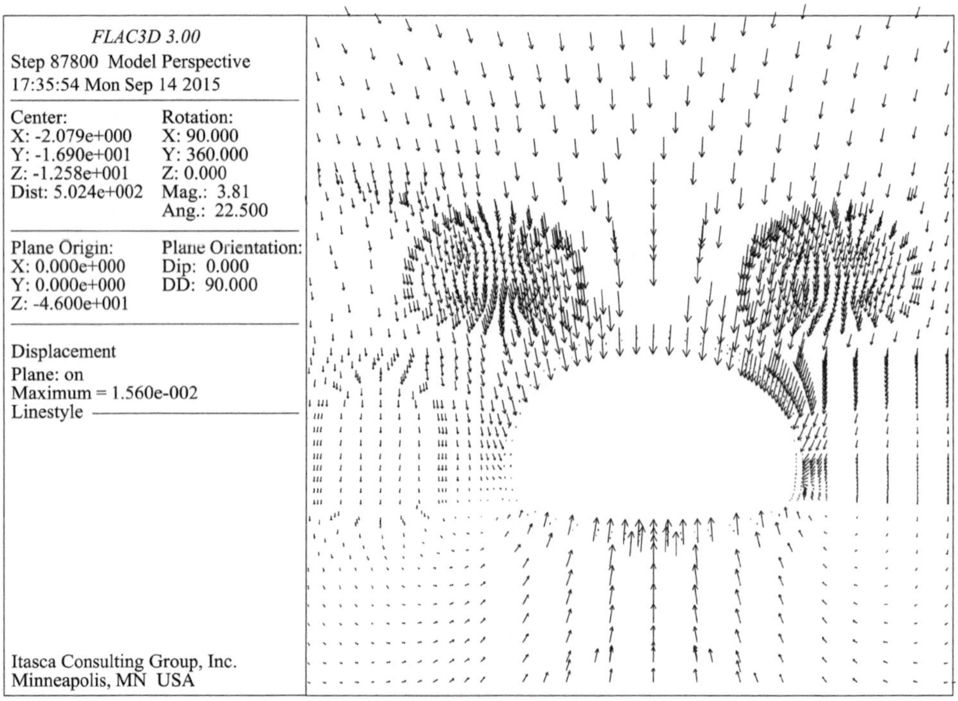

a) 地铁车站隧道施工后

图 5-12

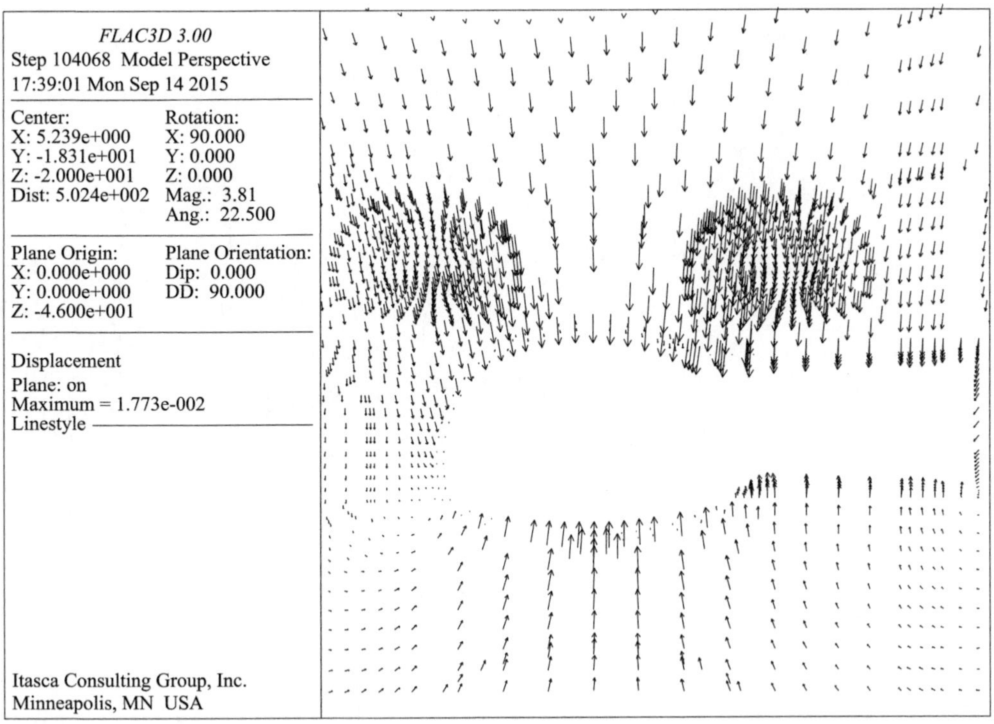

b) 风道隧道施工后

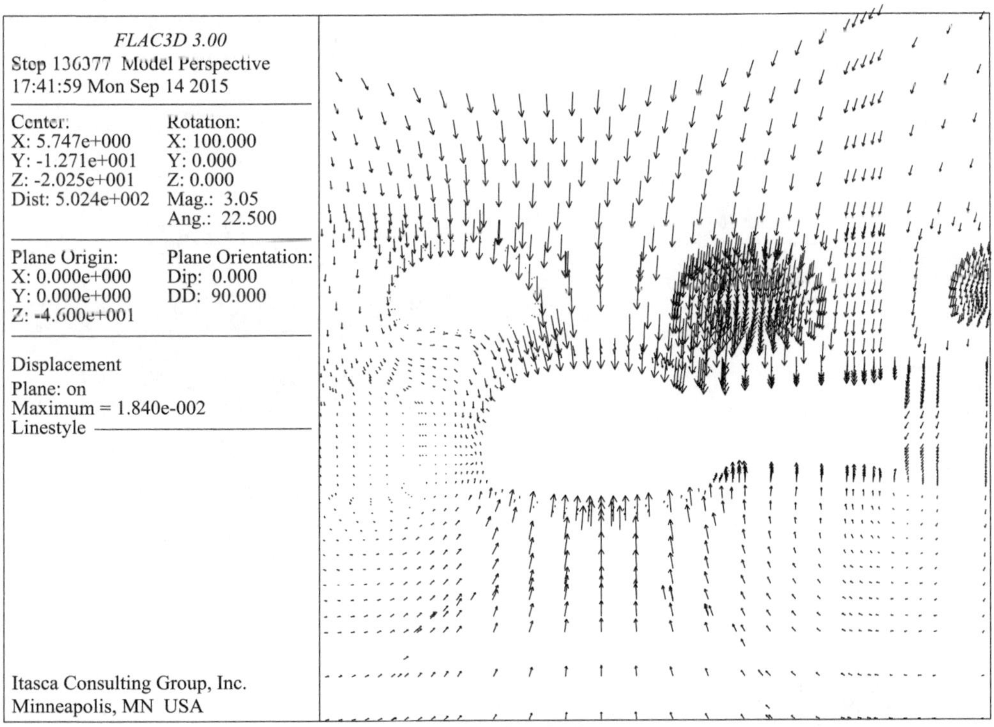

c) 三纵线左侧主隧道施工后

图 5-12

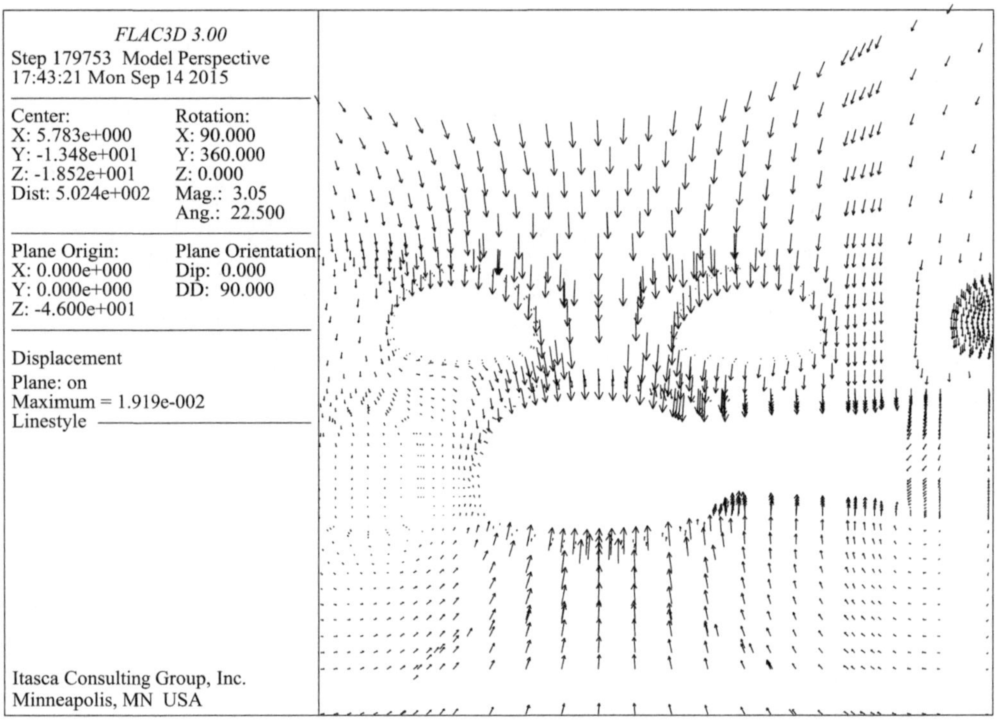

d) 三纵线右侧主隧道施工后

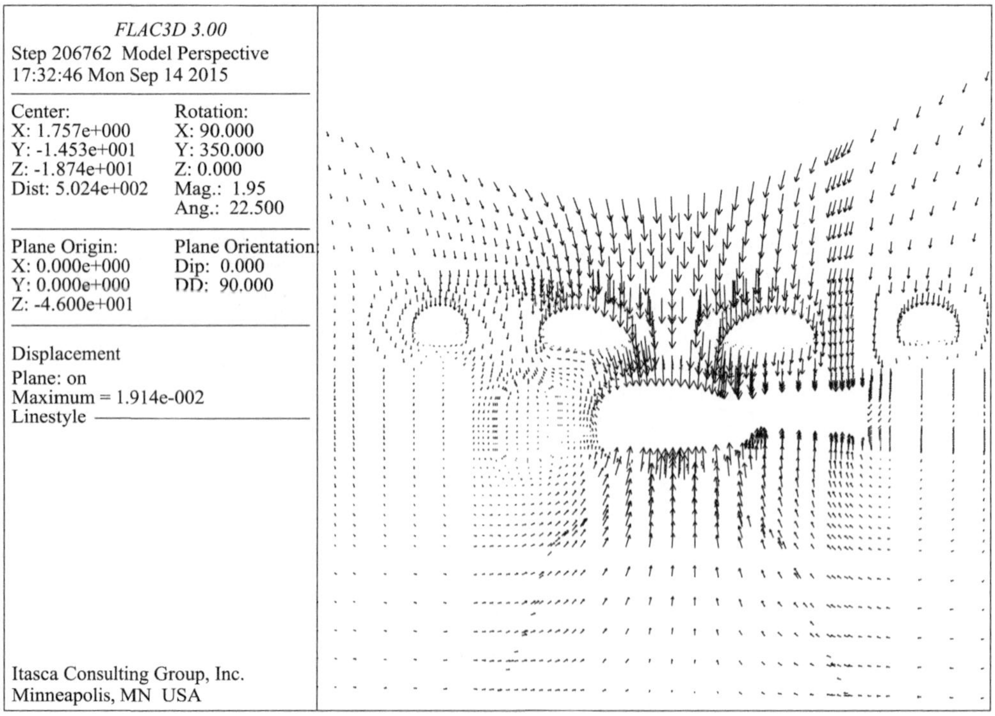

e) A、B匝道施工后

图 5-12 隧道群围岩位移矢量图(尺寸单位:m)

5.2.5 支护结构受力的演变规律

1. 梨菜铁路隧道段

地铁车站二次衬砌弯矩、轴力随隧道群开挖的发展变化如图 5-13 ~ 图 5-16 所示。

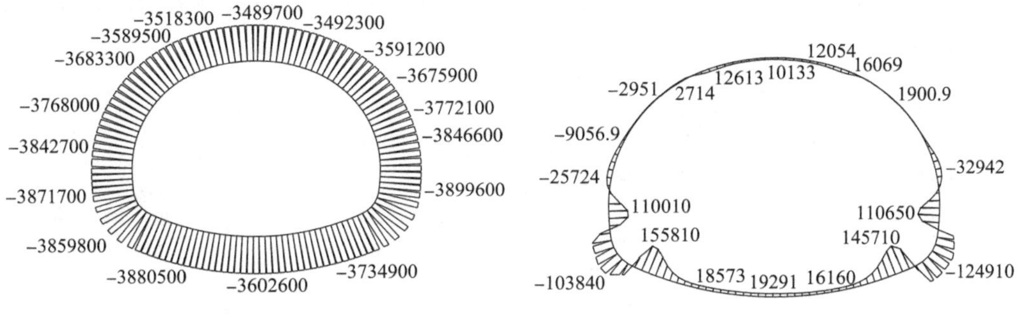

a) 轴力 (N)　　b) 弯矩 (N·m)

图 5-13　地铁车站施工后二次衬砌内力图

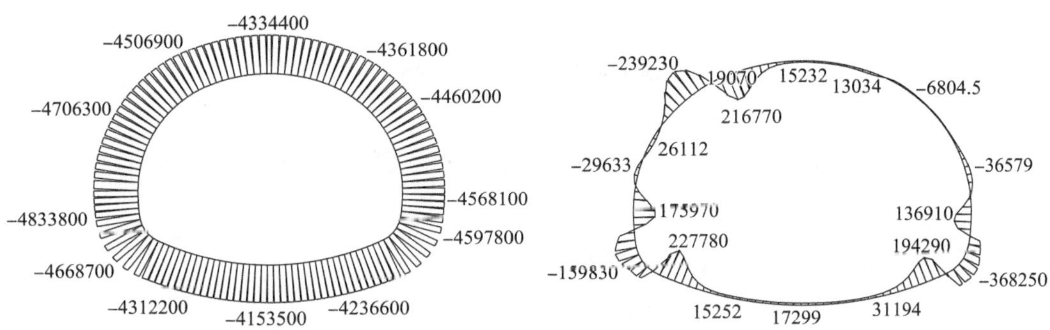

a) 轴力 (N)　　b) 弯矩 (N·m)

图 5-14　三纵线左侧隧道施工后地铁车站隧道二次衬砌内力图

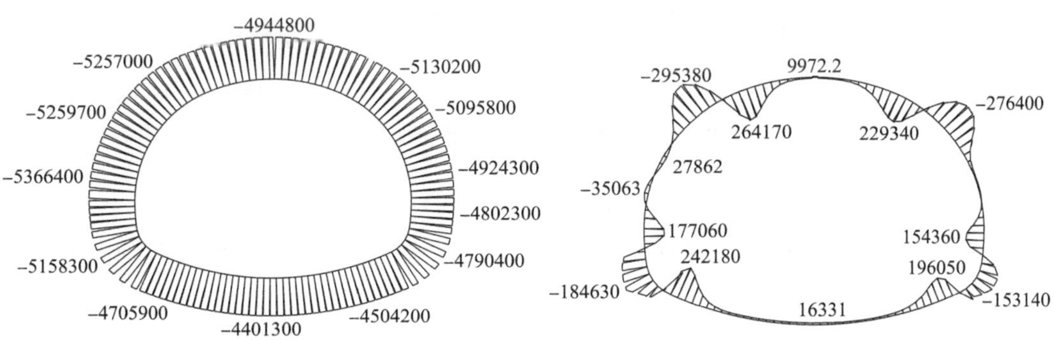

a) 轴力 (N)　　b) 弯矩 (N·m)

图 5-15　三纵线右侧隧道施工后地铁车站隧道二次衬砌内力图

由图 5-13 ~ 图 5-16 可以看出，在地铁车站隧道施工后，地铁车站隧道二次衬砌内力基本呈对称分布，最大弯矩出现在墙脚部位，为 124.9kN · m，最大轴力值出现在边墙位置，为 3899.6kN；三纵线左侧主隧道开挖后最大弯矩出现在左拱腰位置，为 239.23kN · m，最大轴力依旧为左边墙位置，为 4833.8kN，且由于三纵线左侧主隧道的开挖使左拱腰处弯矩出现反弯；三纵线右侧主隧道开挖后最大弯矩依旧在左拱腰处，为 295.38kN · m，最大轴力依旧为左边墙位置，为 5366.4kN，需要注意的是由于三纵线右侧主隧道的开挖衬砌，右拱腰位置弯矩也迅速增大，从 6.8kN · m 增大至 276.4kN · m 且出现了反弯点；A、B 匝道开挖使衬砌内力继续增大，最大弯矩位置依旧在左拱腰处，为 349.28kN · m，最大轴力依旧在左边墙处，为 5375.4kN。

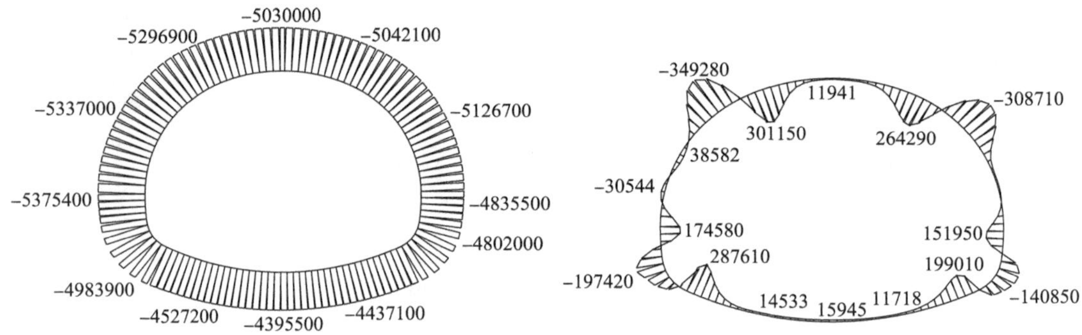

a) 轴力 (N)　　b) 弯矩 (N·m)

图 5-16　A、B 匝道隧道施工后地铁车站隧道二次衬砌内力图

2. 风道隧道段

地铁车站二次衬砌弯矩、轴力随隧道群开挖的发展变化如图 5-17 ~ 图 5-21 所示。

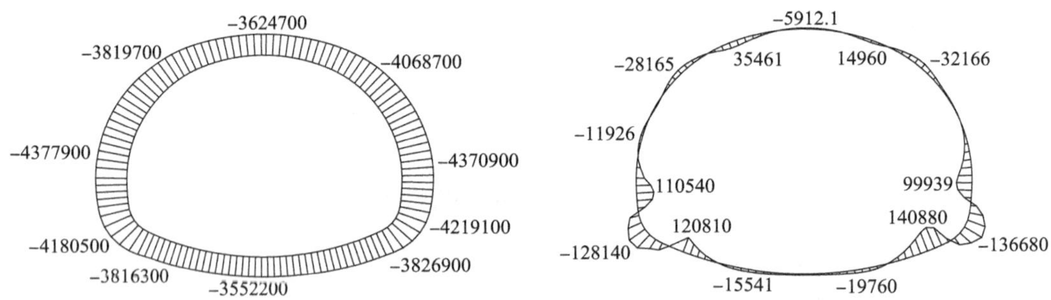

a) 轴力 (N)　　b) 弯矩 (N·m)

图 5-17　地铁车站施工后二次衬砌内力图

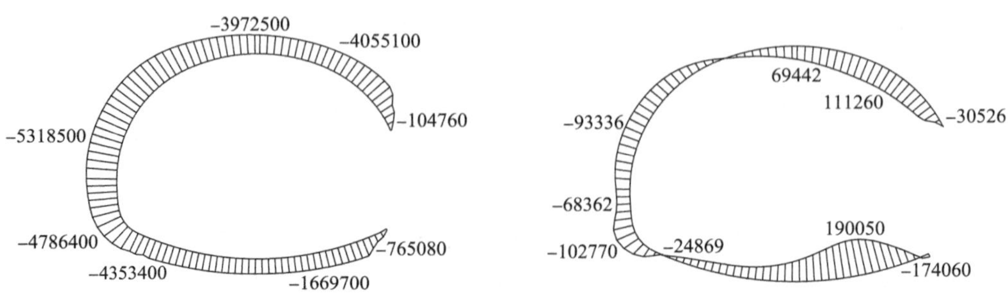

a) 轴力 (N)　　b) 弯矩 (N·m)

图 5-18　风道隧道施工后二次衬砌内力图

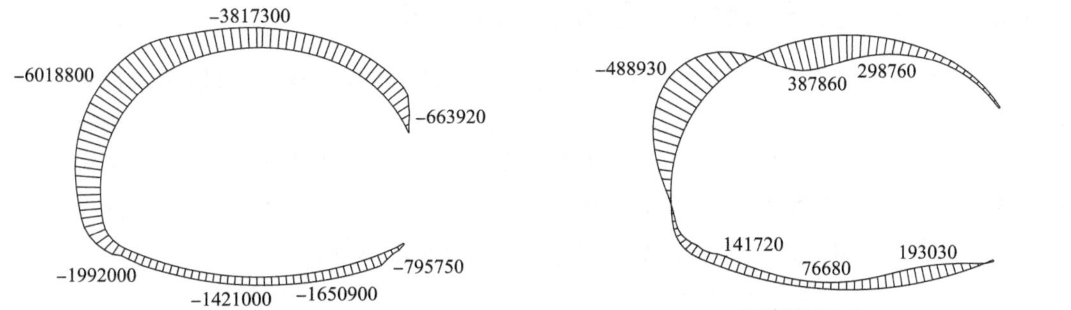

a) 轴力 (N)　　b) 弯矩 (N·m)

图 5-19　三纵线左侧隧道施工后地铁车站隧道二次衬砌内力图

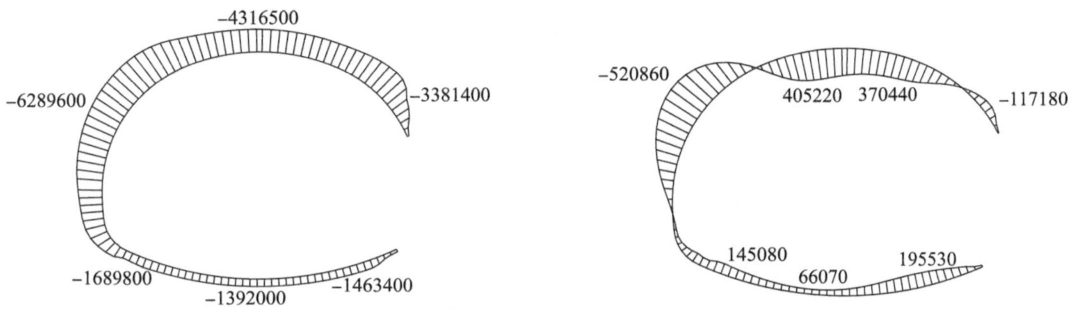

a) 轴力 (N)　　b) 弯矩 (N·m)

图 5-20　三纵线右侧隧道施工后地铁车站隧道二次衬砌内力图

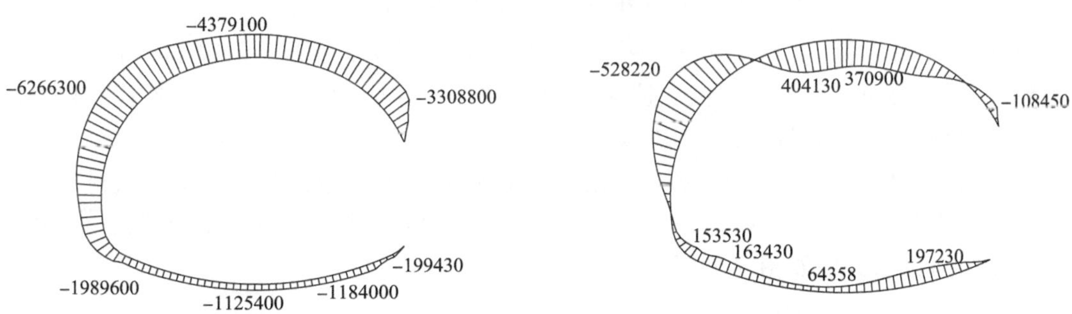

a) 轴力 (N)　　b) 弯矩 (N·m)

图 5-21　A、B 匝道隧道施工后地铁车站隧道二次衬砌内力图

由图 5-17 ~ 图 5-21 可以看出，在地铁车站隧道施工后，地铁车站隧道二次衬砌内力基本呈对称分布，然而在风道隧道施工后由于将地铁车站隧道二次衬砌右侧开口，使衬砌受力形态变化较大且衬砌已不能成环受力；当三纵线左侧主隧道施工后，衬砌左拱腰处弯矩及轴力均有很大增加，分别为：488.93kN·m，6018.80kN；当三纵线右侧主隧道施工后，由于衬砌右侧开口，故右侧衬砌受力变化较小，但衬砌左拱腰处受力继续增大，弯矩为 520.86kN·m，轴力为 6289.60kN；A、B 匝道隧道施工对衬砌受力影响较小。

5.2.6 辅助支护措施对施工安全影响分析

由上文分析中可知,夹岩受隧道群开挖应力集中效应影响明显,夹岩稳定是保证隧道群稳定性的重中之重。通过设置对拉锚杆,使对拉锚杆在夹岩变形时被动受力,并为夹岩提供足够的支护反力保证夹岩受力。为分析对拉锚杆对夹岩的加固作用,分别计算了设置对拉锚杆及不设置对拉锚杆两种工况,并分别提取在各施工步序时左侧夹岩最薄弱处(厚度最小处)的最大主应力及最小主应力并绘制出摩尔圆,如图 5-22 所示。

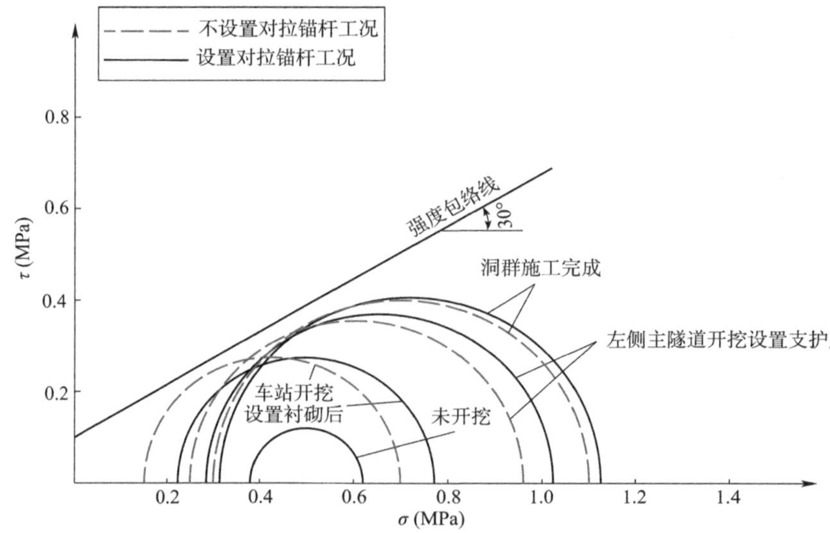

图 5-22　两种工况下左侧夹岩主应力摩尔圆

由图 5-22 可以看出,当设置对拉锚杆时,对拉锚杆不仅能够减少隧道群开挖时夹岩的应力释放,还能够及时为夹岩提供支护反力,夹岩处最小主应力增加,应力圆外移,增加应力圆与强度包络线的距离保证夹岩不进入破坏状态。

由于对拉锚杆的被动受力作用,对拉锚杆还能够有效减少地铁车站隧道二次衬砌内力,从而保证地铁车站二次衬砌稳定。不设置对拉锚杆及设置对拉锚杆的工况下地铁车站隧道二次衬砌内力分布分别如图 5-23、图 5-24 所示。

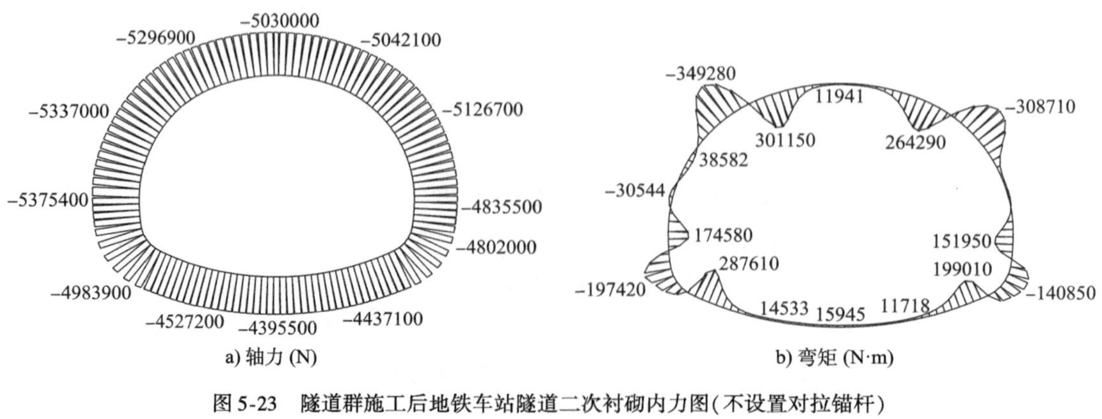

图 5-23　隧道群施工后地铁车站隧道二次衬砌内力图(不设置对拉锚杆)

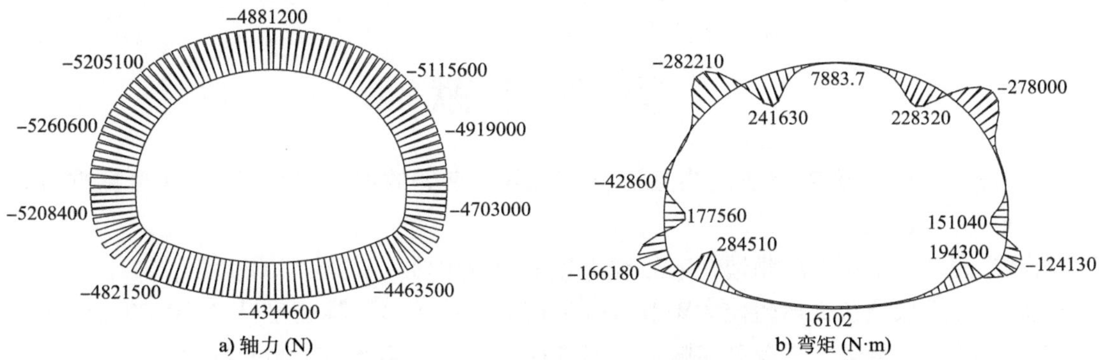

图 5-24 隧道群施工后地铁车站隧道二次衬砌内力图(设置对拉锚杆)

参考文献

[1] 徐向东. 广州市轨道交通区庄站南站厅双层三跨联拱隧道设计[J]. 铁道标准设计, 2009,6:99-101.

[2] 黄炜. 浅埋暗挖法在广州地铁五号线工程中的应用[D]. 广州:广州大学,2011.

[3] 李丰果. 重庆轨道交通暗挖大跨及重叠隧道施工技术[J]. 隧道建设,2010,30:554-560.

[4] 王少飞. 公路隧道分类及公路隧道群概念探讨[J]. 公路隧道,2009,2:10-14.

[5] 周娜. 高速公路隧道群交通运行环境分析与评价研究[D]. 西安:长安大学,2010.

[6] 张玉春. 高速公路特长隧道和隧道群交通灾害风险分析及控制研究[D]. 成都:西南交通大学,2011.

[7] 张方圆. 巴黎的"城下之城"——地下排水道[J]. 晚报文萃,2007,(15).

[8] 钱七虎,王秀文. 美国波士顿地下空间开发利用与城市更新[C]//钱七虎. 钱七虎院士论文选集. 北京:科学出版社,2007:710-714.

[9] 孟宇. 城市中心区交通设施更新实例——波士顿中央干道/隧道工程[J]. 国外城市规划,2006,2:87-91.

[10] 王剑晨,张顶立,张成平,等. 浅埋暗挖车站上穿施工影响的既有隧道变形规律[J]. 北京交通大学学报,2014,38:8-12.

[11] 王振飞,张成平,王剑晨,等. 新建地铁车站近距离上穿既有地铁区间隧道施工方案的选择[J]. 中国铁道科学,2013,34:63-69.

[12] 钱七虎. 城市可持续发展与地下空间开发利用[J]. 地下空间与工程学报,1998,18(2):69-74.

[13] 崔曙平. 国外地下空间开发利用的现状和趋势[J]. 城乡建设,2007,6:68-71.

[14] 钱七虎. 深部地下空间开发中的关键科学问题[C]//钱七虎. 钱七虎院士论文选集. 北京:科学出版社,2007:565-584.

[15] LINDBLOM U, GREEN L, MANELL G. Sweden's national library goes underground[J]. Tunnelling and Underground Space Technology,1995,10(6):149-154.

[16] 吴梦军,陈彰贵,许锡宾,等. 公路隧道围岩稳定性研究现状与展望[J]. 重庆交通大学学报(自然科学版),2003,22:24-28.

[17] 朱素平,周楚良. 地下圆形隧道围岩稳定性的粘弹性力学分析[J]. 同济大学学报(自然科学版),1994,22(3):329-333.

[18] 谭云亮,姜福兴,范炜林,等. 锚杆对节理围岩稳定性影响的离散元研究[J]. 工程地质学报,1999,7(4):361-365.

[19] MOLLON G, PHOON K, ASCE F, et al. Validation of a New 2D Failure Mechanism for the Stability Analysis of a Pressurized Tunnel Face in a Spatially Varying Sand[J]. Journal of Engineering Mechanics,2011,137(1):8-21.

[20] SHAFIEE S M, DEHGHAN A N, REZAEI F. 3-D stability analysis and design of primary support of Karaj metro tunnel: based on convergence data and back analysis algorithm[J]. Engineering Geology, 2012, 141-142.

[21] PALICKI K. A graphical method for the classification of rock and weak rock masses based on field observations[J]. Environmental & Engineering Geoscience, 1997, 3(1): 7-12.

[22] OLIVIER H J. A new engineering-geological rock durability classification[J]. Engineering Geology, 1979, 14(79): 255-279.

[23] 白明洲,许兆义,王连俊,等. 隧道围岩分级的模糊信息分析模型及应用研究[J]. 铁道学报,2001,23(6):85-88.

[24] BEINIAWSKI Z T. TUNNELLING IN ROCK. CHAPTER 6: GEOMECHANICS CLASSIFICATION OF ROCK MASSES AND ITS APPLICATION IN TUNNELLING[M]. Publication of South African Institute of Civil Engineers, 1974.

[25] BARTON N, LIEN R, LUNDE J. Engineering classification of rock masses for the design of tunnel support[J]. Rock Mechanics & Rock Engineering, 1974, 6(4): 189-236.

[26] SERAFIM, J L., PEREIRA, J. P. Considerations of the geomechanics classification of Bieniawski, Proc. of the International Symposium on Engineering Geology and Underground Construction. Lisbon[J], A. A. Balkema, Rotterdam, the Netherlands, 1983, 1: 1133-1142.

[27] PALMSTROM A, BROCH E. Use and misuse of rock mass classification systems with particular reference to the Q-system[J]. Tunnelling and Underground Space Technology, 2006, 21(6): 575-593.

[28] 谷德振,黄鼎成. 岩体结构的分类及其质量系数的确定[J]. 水文地质工程地质,1979(2):8-13.

[29] 关宝树. 围岩分类的数量化研究[J]. 公路与水路运输,1988(4):68-74.

[30] 邢念信,徐复安. 坑道工程围岩分类与支护设计[J]. 岩石力学与工程学报,1986(4):359-376.

[31] 张农,侯朝炯,杨米加,等. 巷道围岩强度弱化规律及其应用[J]. 中国矿业大学学报,1999,28:133-135.

[32] 司林坡. 小孔径钻孔触探法围岩强度测试原理研究及应用[D]. 北京:煤炭科学研究总院,2006.

[33] 徐干成,卢韩,乔春生,等. 隧道围岩强度及稳定性评价[J]. 现代隧道技术,2008,45(S1):232-237.

[34] 祝艳波,吴银亮,余宏明. 隧道石膏质围岩强度特性试验研究[J]. 长江科学院院报,2013,30(09):53-58.

[35] HOEK E, BROWN E T. Practical estimates of rock mass strength[J]. International Journal of Rock Mechanics and Mining Sciences, 1997, 34(97): 1165-1186.

[36] Ö. AYDAN, ULUSAY R, KAWAMOTO T. Assessment of rock mass strength for underground excavations[J]. International Journal of Rock Mechanics & Mining Sciences, 1997, 34(97):

18. e1-18. e17.

[37] HOEK,E. Strength of rock and rock masses[J]. ISRM News Journal,1994,2(2):4-16.

[38] MARINOS V,MARINOS P,HOEK E. The geological strength index: applications and limitations[J]. Bulletin of Engineering Geology & the Environment,2005,64(1):55-65.

[39] SONMEZ H,ULUSAY R. Modifications to the geological strength index(GSI) and their applicability to stability of slopes[J]. International Journal of Rock Mechanics & Mining Sciences,1999,36(99):743-760.

[40] 苏永华,封立志,李志勇,等. Hoek-Brown 准则中确定地质强度指标因素的量化[J]. 岩石力学与工程学报,2009,28:679-686.

[41] 李攀峰. 大型地下洞室群围岩稳定性工程地质研究[D]. 成都:成都理工大学,2004.

[42] 赵跃堂,范斌,梁晖,等. 大型深埋隧道初始地应力状态的确定[J]. 地下空间与工程学报,2008,4:147-151.

[43] HIJAZO T,VALLEJO L I G D. In-situ stress amplification due to geological factors in tunnels: The case of Pajares tunnels,Spain[J]. Engineering Geology,2012,s 137-138(6):13-20.

[44] 仇文革. 地下工程近接施工力学原理与对策的研究[D]. 成都:西南交通大学,2003.

[45] 仇文革,张志强. 深圳地铁重叠隧道近接施工影响的数值模拟分析[J]. 铁道标准设计,2000,20:41-42.

[46] 郑余朝. 三孔并行盾构隧道近接施工的影响度研究[D]. 成都:西南交通大学,2006.

[47] 郑余朝,仇文革,张俊儒. 三管盾构隧道下穿铁路引起的地表位移及其控制技术[J]. 中国铁道学科,2007,28:65-70.

[48] HASANPOUR R,ROSTAMI J,ÜNVER B. 3D finite difference model for simulation of double shield TBM tunneling in squeezing grounds[J]. Tunnelling and Underground Space Technology,2014,40(2):109-126.

[49] KING L V. On the Limiting Strength of Rocks under Conditions of Stress Existing in the Earth's Interior[J]. Journal of Geology,1912,20:119-138.

[50] 王锡根. 软弱岩层中隧道的机械开挖[J]. 隧道译从,1994(6):58-62.

[51] SPAGNOLI G,KLITZSCH N,FERNANDEZ-STEEGER T,et al. Application of electro-osmosis to reduce the adhesion of clay during mechanical tunnel driving[J]. Environmental & Engineering Geoscience,2011,17(4):417-426.

[52] 孙洋,陈建平,余莉. 基于力学解析法和现场监控量测确定隧道二衬支护时机的应用研究[J]. 铁道建筑,2013(7):71-73.

[53] 程桦,孙钧,吕渊. 粘弹性围岩复合式隧道衬砌解析解[J]. 安徽理工大学学报(自然科学版),1996(3):22-29.

[54] 董呈龙. 基于监控量测和数值模拟的隧道围岩参数反演分析[D]. 武汉:武汉理工大学,2009.

[55] 张黎明,郑颖人,王在泉,等. 有限元强度折减法在公路隧道中的应用探讨[J]. 岩土力学,2007,28:97-101.

[56] 刘庆舒. 离心模型试验研究隧道开挖引起的地表固结沉降[D]. 成都:西南交通大学,2003.

[57] 赵健,冀文政,曾宪明,等. 应力腐蚀对锚杆使用寿命影响的试验研究[J]. 岩石力学与工程学报,2007,26:3427-3431.

[58] 施泽华. 小浪底工程地下洞群合理间距研究[J]. 河海科技进展,1993,13(03):109-110.

[59] 刘会波,肖明,陈俊涛. 复杂地下洞室围岩开挖扰动空间效应参数化研究[J]. 四川大学学报(工程科学版),2012,44(3):47-54.

[60] 钟登华,刘杰,李明超,等. 基于三维地质模型的大型地下洞室群布置优化研究[J]. 水利学报,2007,38(1):60-66.

[61] DO N A, DIAS D, ORESTE P, et al. Three-dimensional numerical simulation of a mechanized twin tunnels in soft ground[J]. Tunnelling & Underground Space Technology,2014,42(5):40-51.

[62] LI X, LI D, LIU Z, et al. Determination of the minimum thickness of crown pillar for safe exploitation of a subsea gold mine based on numerical modelling[J]. International Journal of Rock Mechanics & Mining Sciences,2013,57(1):42-56.

[63] 冯紫良,朱志伟. 地下洞室的埋置深度和洞形设计优化[J]. 工程勘察,1998:17-20.

[64] 张玉军,刘谊平. 上下行隧道立交处围岩稳定性的有限元计算[J]. 岩土力学,2002,23:511-515.

[65] 项志敏. 浅埋隧道围岩稳定性分析与施工关键技术研究[D]. 长沙:中南大学,2012.

[66] 王思敬,杨志法,刘竹华. 地下工程岩体稳定分析[M]. 北京:科学出版社,2000.

[67] 郑颖人,赵尚毅. 岩土工程极限分析有限元法及其应用[J]. 土木工程学报,2005,38:91-98.

[68] 郑颖人,赵尚毅,宋雅坤. 有限元强度折减法研究进展[J]. 后勤工程学院学报,2005,21:1-6.

[69] 张永兴,胡居义,何青云,等. 基于强度折减法小净距隧道合理净距的研究[J]. 水文地质工程地质,2006,33:64-67.

[70] 安永林,黄戡,彭立敏,等. 强度折减法分析隧道整体稳定性[J]. 公路交通科技,2011,28:91-95.

[71] 刘小文,张功. 强度折减应用于隧道群整体稳定性分析的判据比较[J]. 南昌大学学报:工科版,2010,32:154-157.

[72] 贾蓬. 基于强度折减法的结构面影响下隧道围岩破坏机理数值试验研究[D]. 沈阳:东北大学,2008.

[73] 舒正伟. 石蜡的耐热性能及其机理研究 [D]. 成都:成都理工大学,2010.

[74] ISRM. Suggested methods for determining the strength of rock material in triaxial compression[J]. International Journal of Rock Mechanics and Mining Sciences and Geomechanics Abstracts,1983,20(6):285-290.

[75] 刘书田,程耿东. 基于均匀化理论的复合材料热膨胀系数预测方法[J]. 大连理工大学学报,1995,35(4):451-457.
[76] 刘秀珍. 小浪底工程洞群锚杆支护型式探讨[J]. 水利水电工程设计,1995,01:13-19.
[77] 周洪福,聂德新,王春山. 系统锚杆对地下厂房洞室群稳定性影响的数值分析[J]. 地质灾害与环境保护,2011,22:67-73.
[78] 江权,陈建林,冯夏庭,等. 大型地下洞室对穿预应力锚索失效形式与耦合模型[J]. 岩土力学,2013(8):2271-2279.

图 1-1　巴黎的地下排水隧道

图 1-2　波士顿中心隧道机场路隧道

a) 石蜡含量4%　　b) 石蜡含量6%

c) 石蜡含量8%　　d) 石蜡含量10%

图 2-1　单轴压缩试件破坏形态

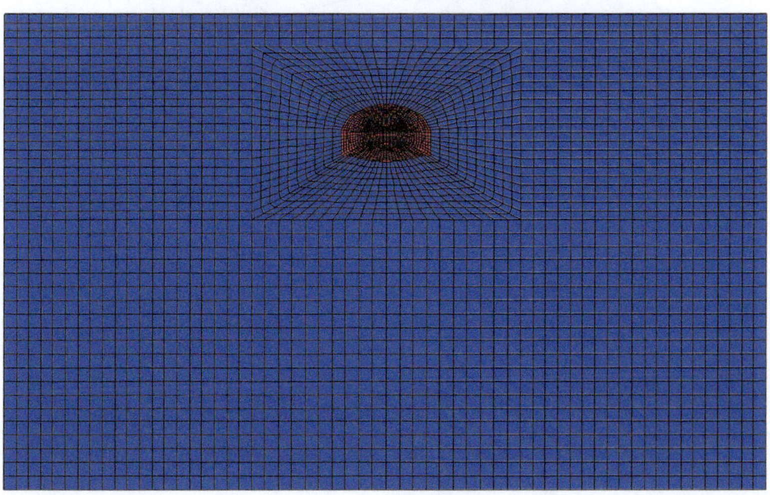

图 2-10　计算模型网格

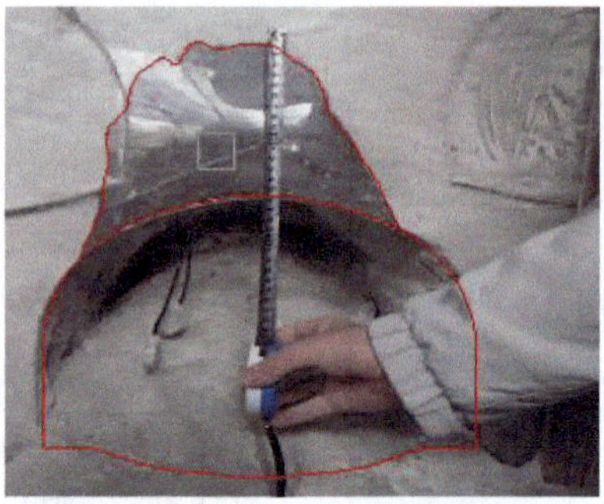

图 2-12　室内试验隧道破坏形态

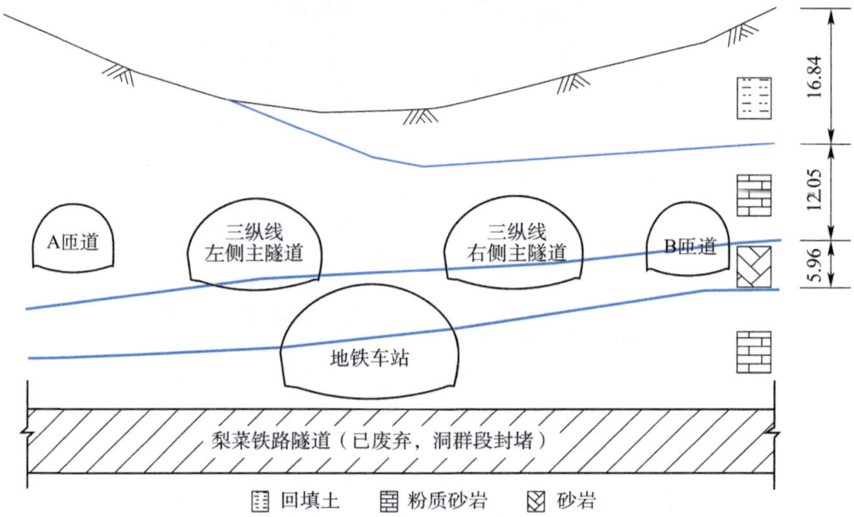

图 3-2　梨莱铁路隧道段围岩地质情况(尺寸单位:m)

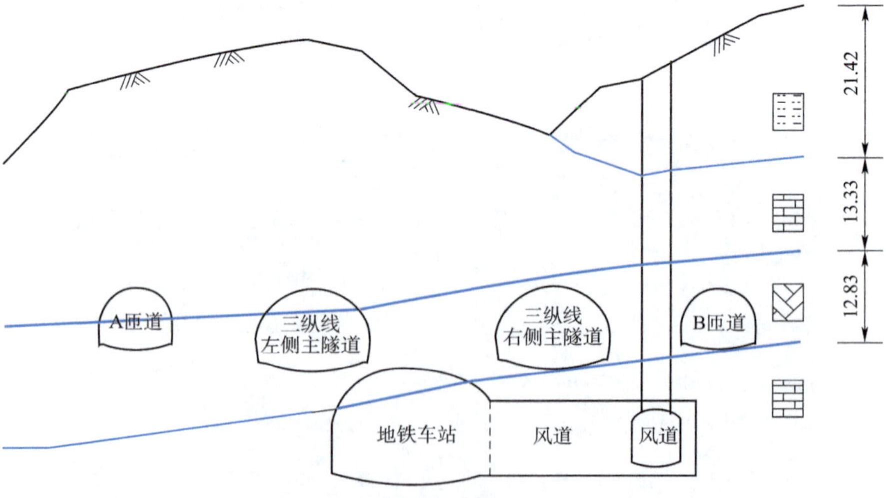

图 3-3　风道隧道段围岩地质情况(尺寸单位:m)

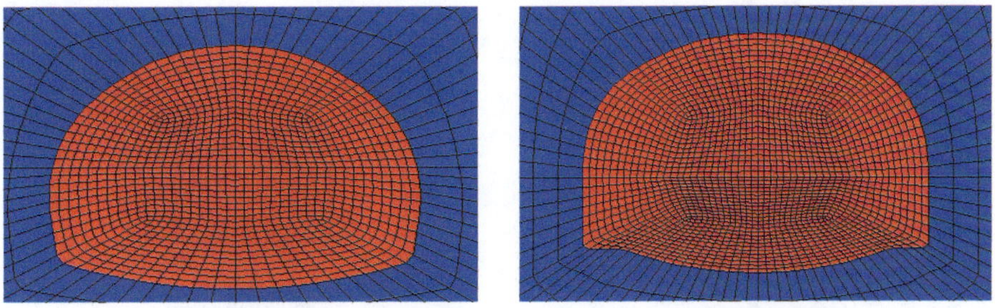

a) 三纵线主隧道　　　　b) 地铁车站隧道

图 3-4　计算模型

a) 数值计算　　　　b) 室内试验

图 3-7　三纵线主隧道数值模拟与室内试验极限破裂面对比

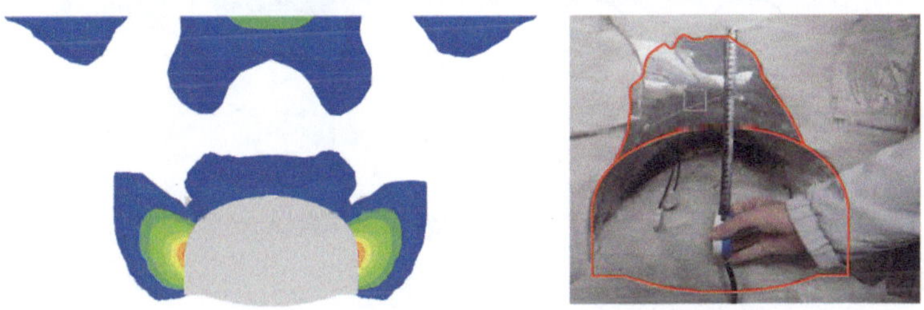

a) 数值计算　　　　b) 室内试验

图 3-8　地铁车站隧道数值模拟与室内试验极限破裂面对比

图 3-11　三纵线主隧道极限围岩破裂面

图 3-12　地铁车站隧道极限围岩破裂面

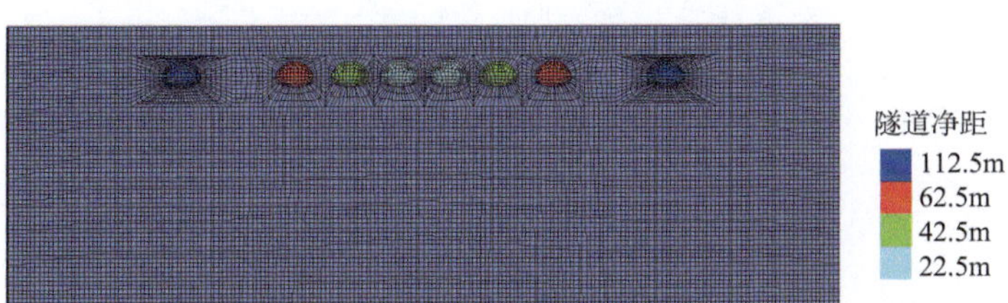

图 3-14　计算模型(部分工况)

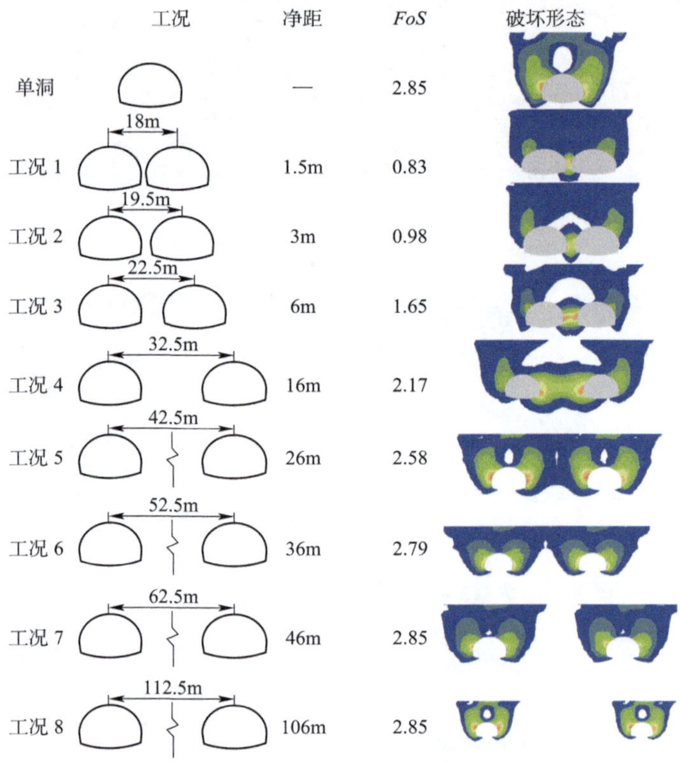

图 3-15　各种工况计算结果统计

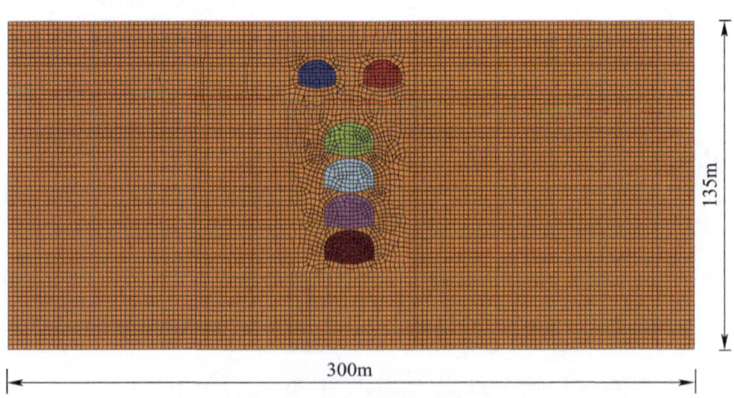

图 3-17　计算模型之一（90°工况）

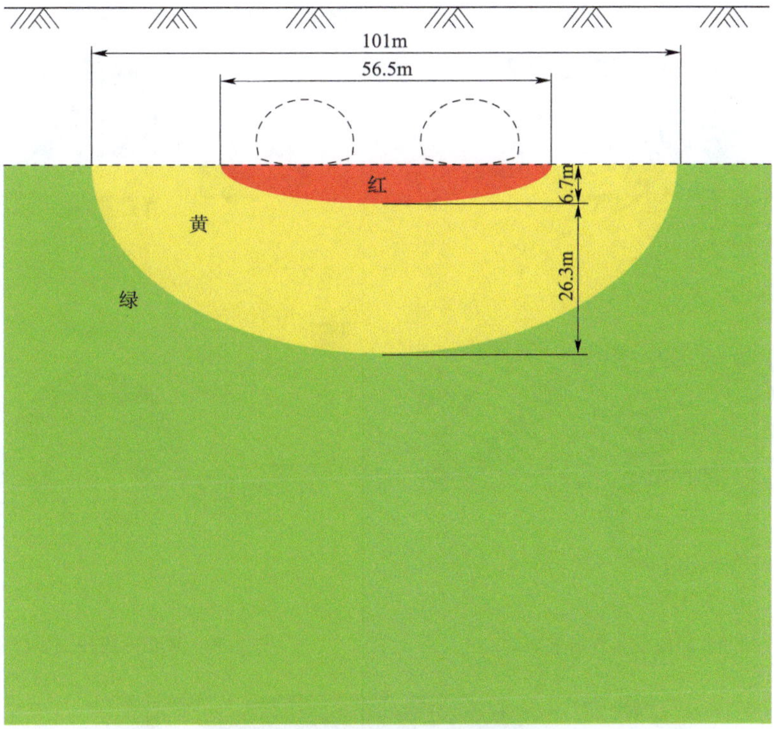

图 3-19　新建隧道群的近接影响分区图

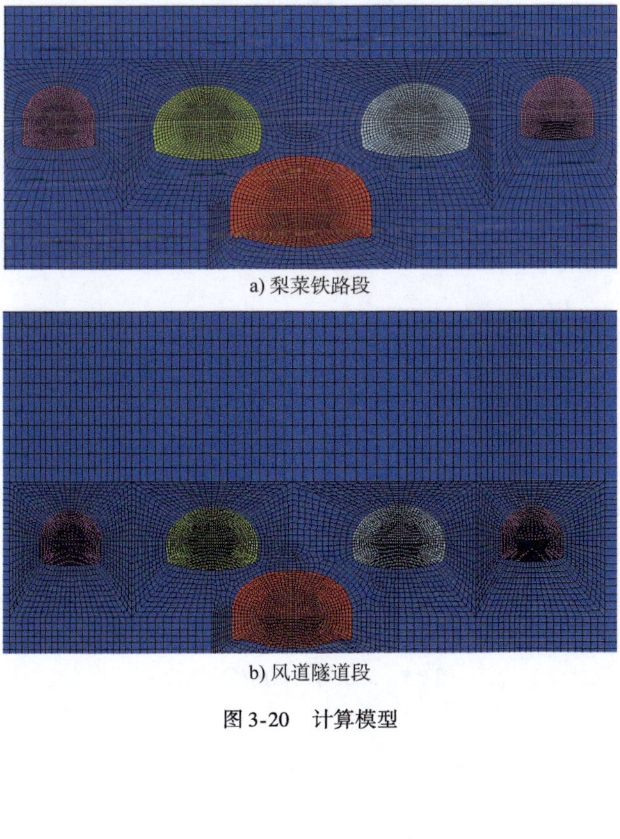

a) 梨菜铁路段

b) 风道隧道段

图 3-20　计算模型

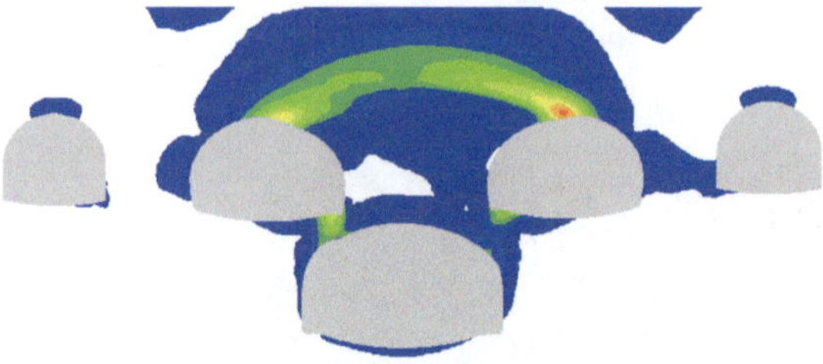

a) 工况一

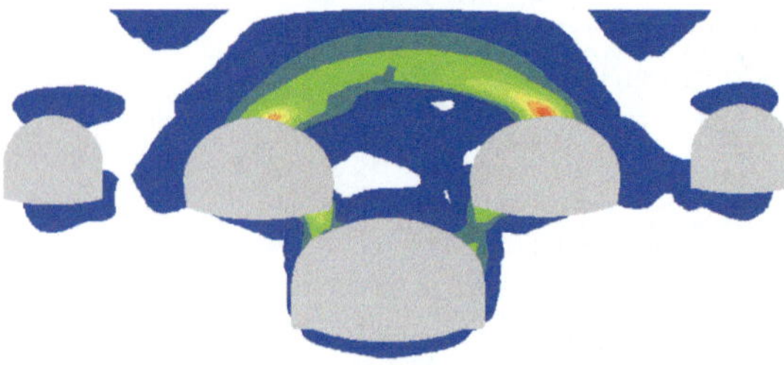

b) 工况二

图 3-29　梨菜铁路段围岩极限破裂面

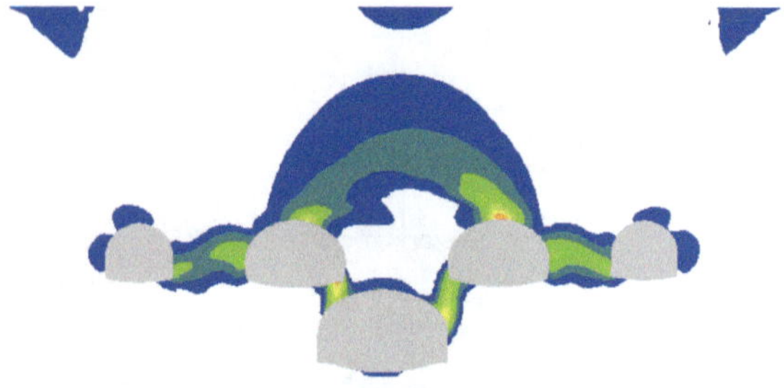

a) 工况一

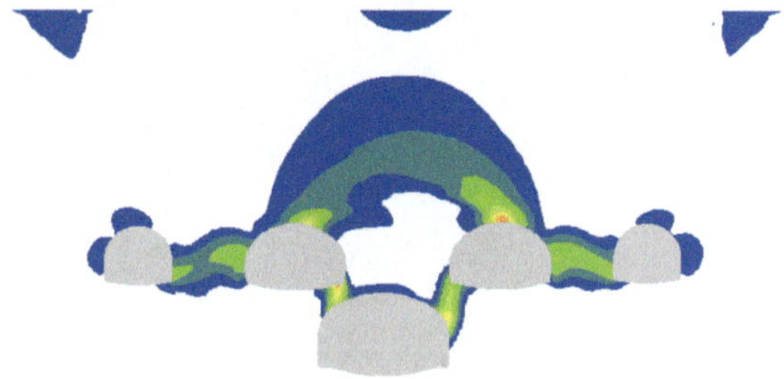

b) 工况二

图 3-30　风道隧道段围岩极限破裂面

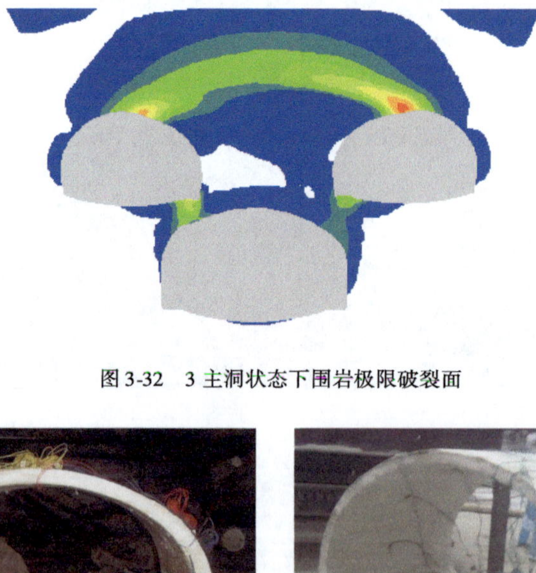

图 3-32　3 主洞状态下围岩极限破裂面

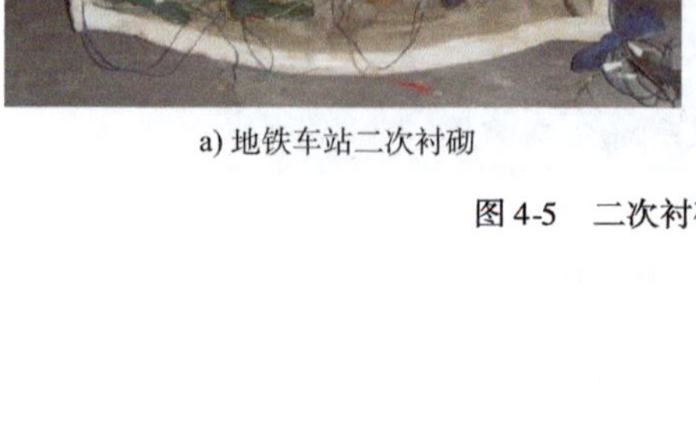

a) 地铁车站二次衬砌

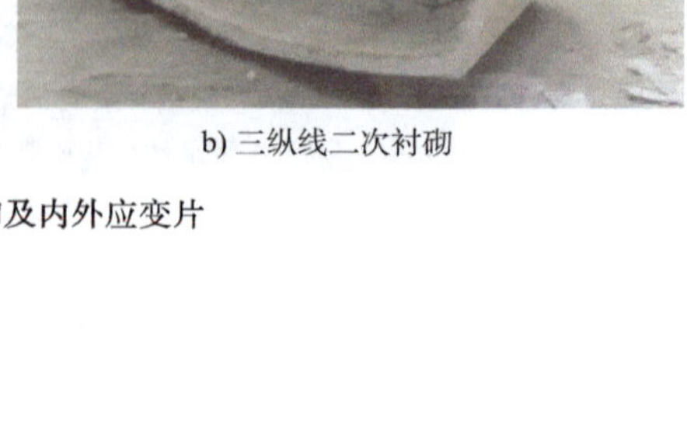

b) 三纵线二次衬砌

图 4-5　二次衬砌及内外应变片

a) 外部

b) 内部

图 4-6　毛洞状态地铁车站隧道局部坍塌图

图 4-8　三纵线开挖后围岩坍塌情况

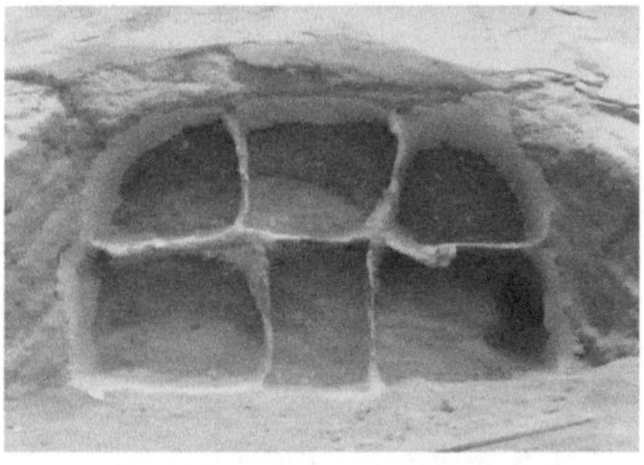

a) 地铁车站开挖——双侧壁导坑法

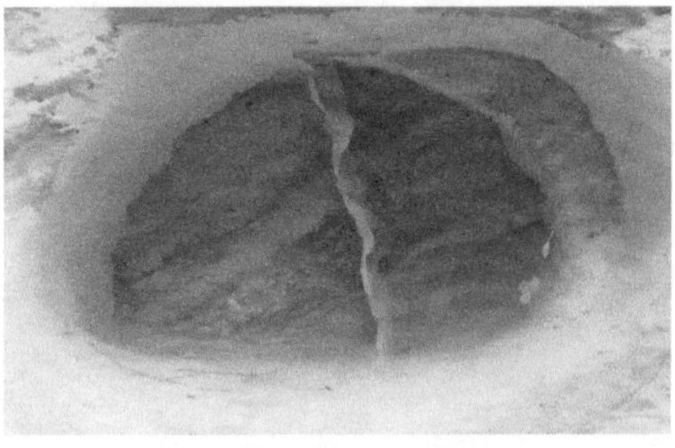

b) 三纵线主隧道——CD法

图 4-11　地铁车站隧道及三纵线主隧道开挖方法

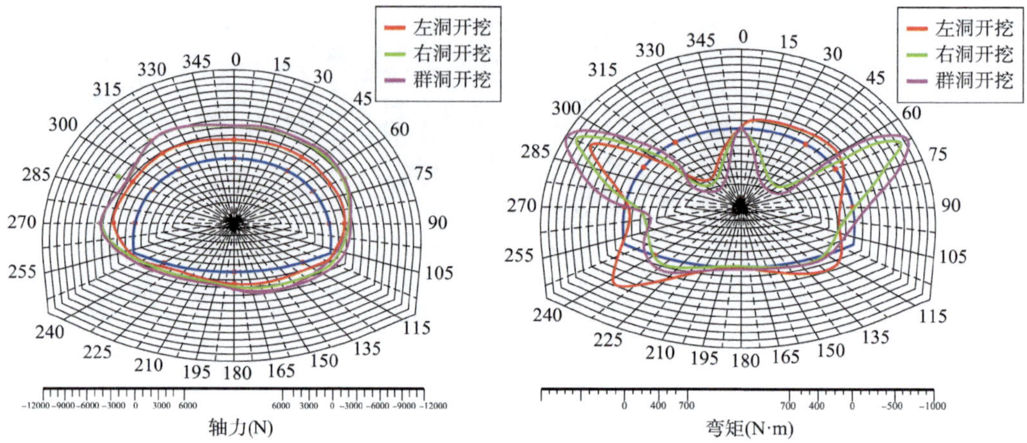

图 4-33　地铁车站隧道二次衬砌内力随隧道群开挖的变化图

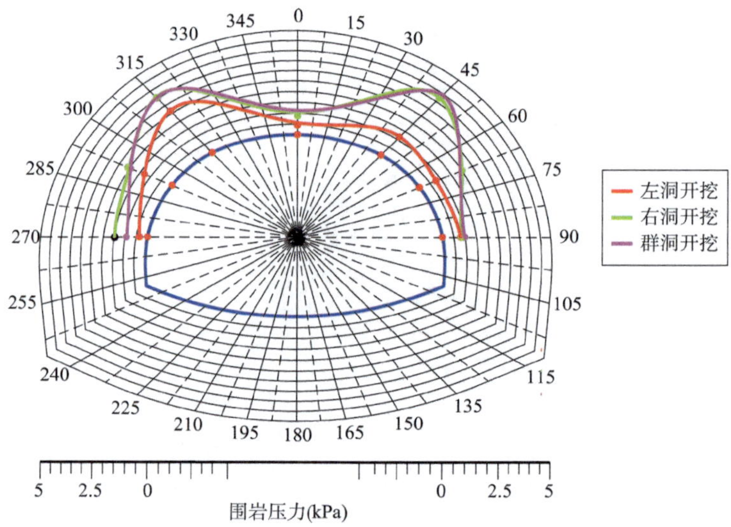

图 4-34　地铁车站隧道二次衬砌围岩压力随隧道群开挖变化图

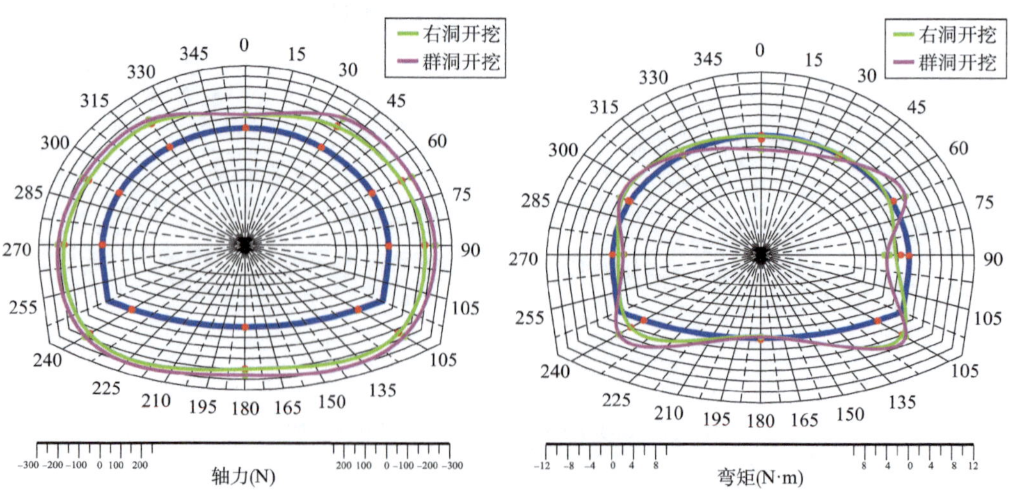

图 4-35　三纵线左侧主隧道二次衬砌内力随隧道群开挖变化图

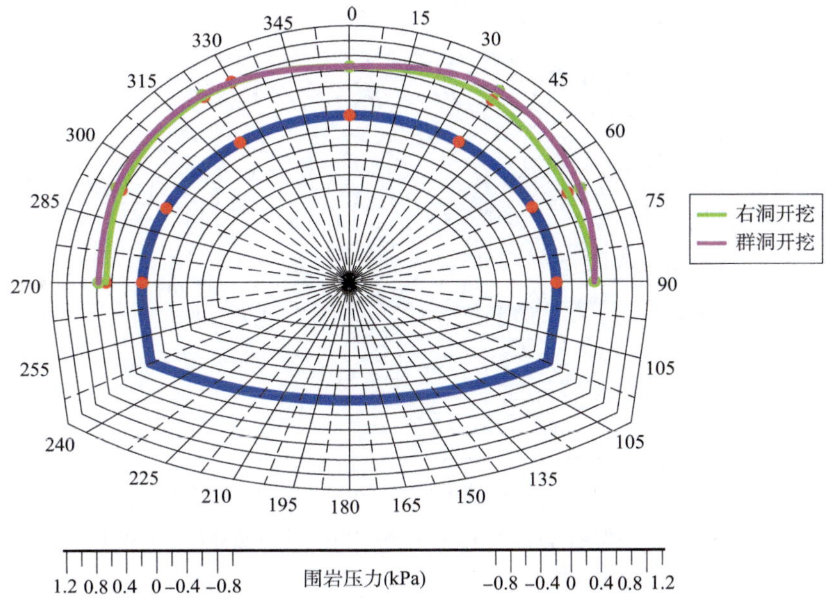

图 4-36　三纵线左侧主隧道二次衬砌围岩压力随隧道群开挖变化图

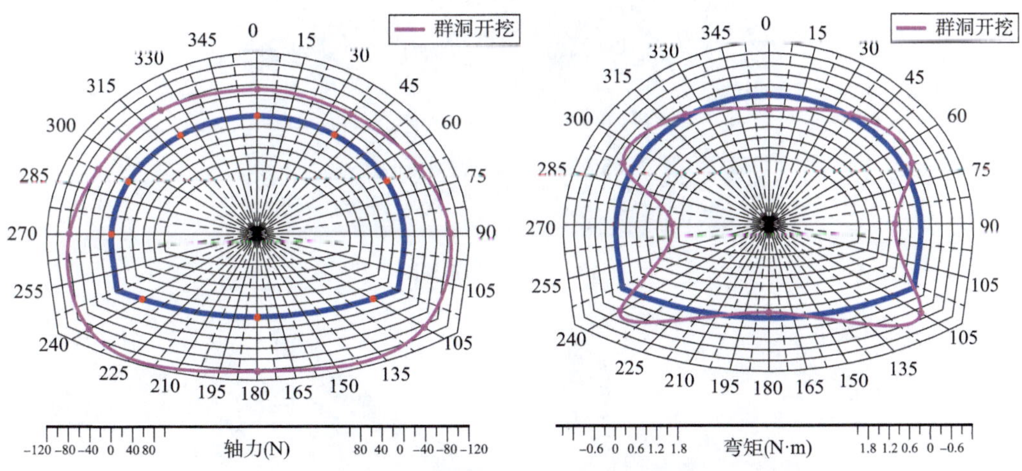

图 4-37　三纵线右侧主隧道二次衬砌内力随隧道群开挖变化图

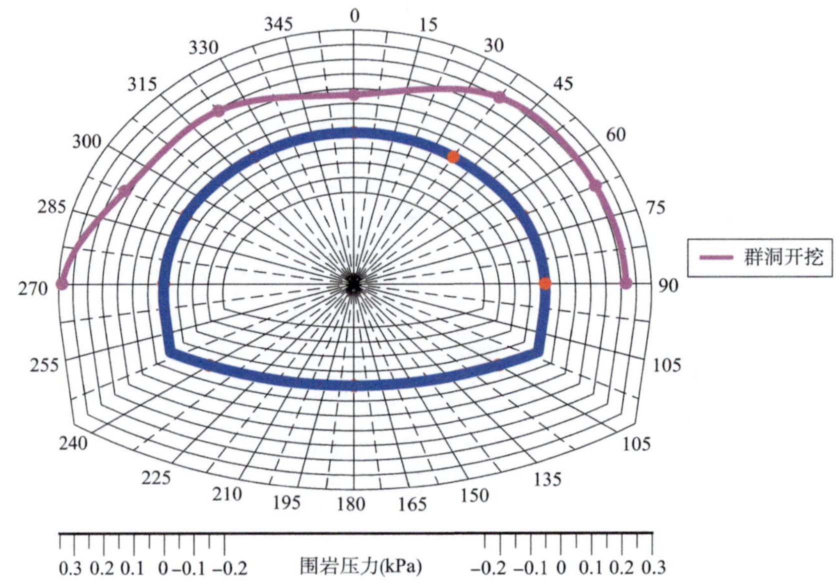

图 4-38　三纵线右侧主隧道二次衬砌围岩压力随隧道群开挖变化图

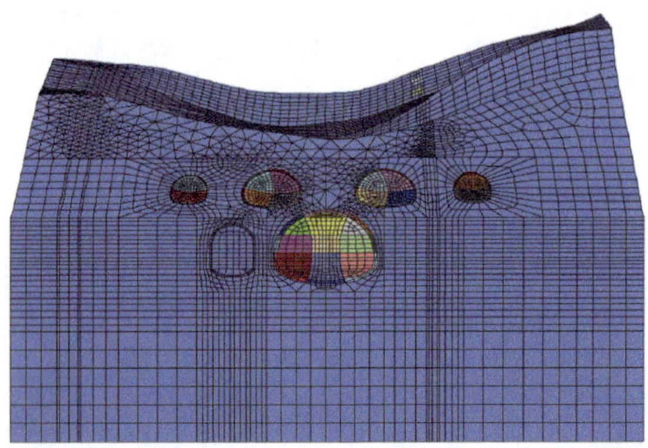

图 5-1　三维模型正视图

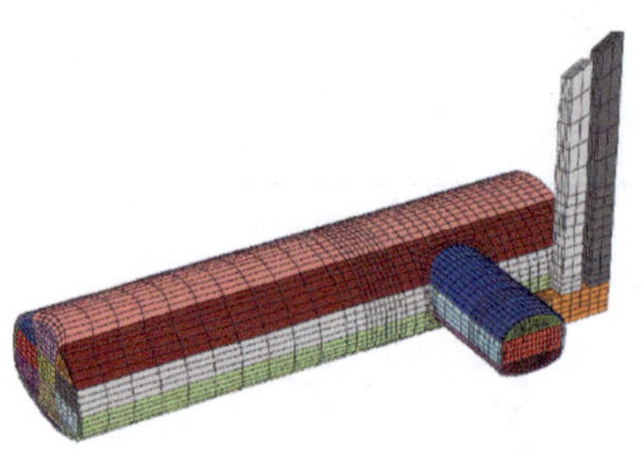

图 5-2　地铁车站隧道及风道风机空间关系图

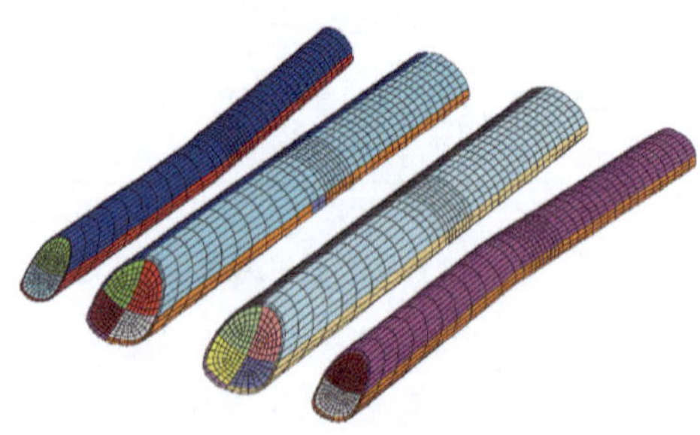

图 5-3　三纵线隧道群空间关系图

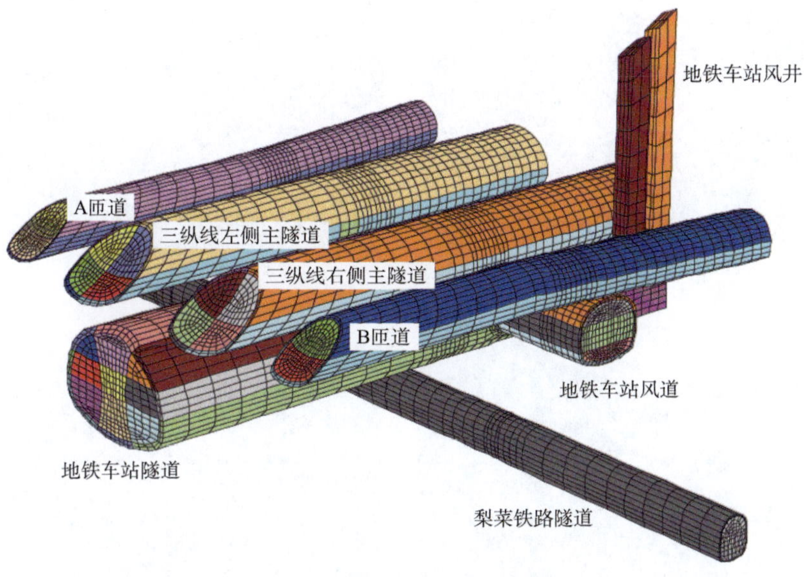

图 5-4　隧道群内部空间关系图

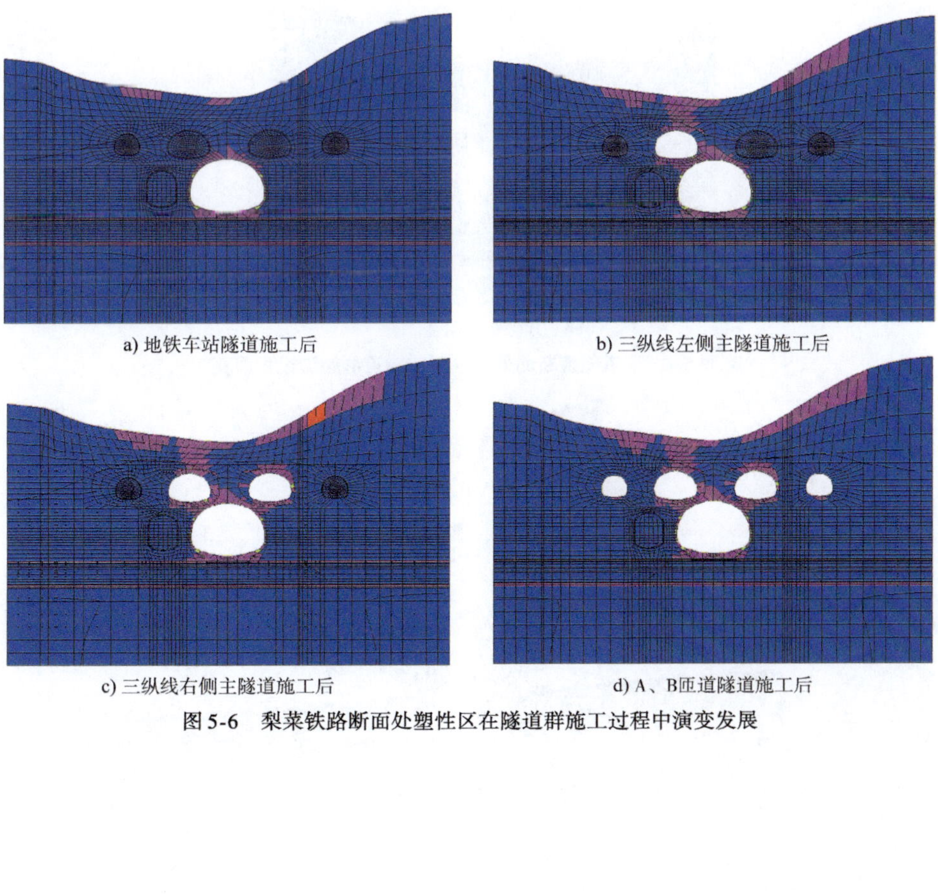

图 5-6　梨莱铁路断面处塑性区在隧道群施工过程中演变发展

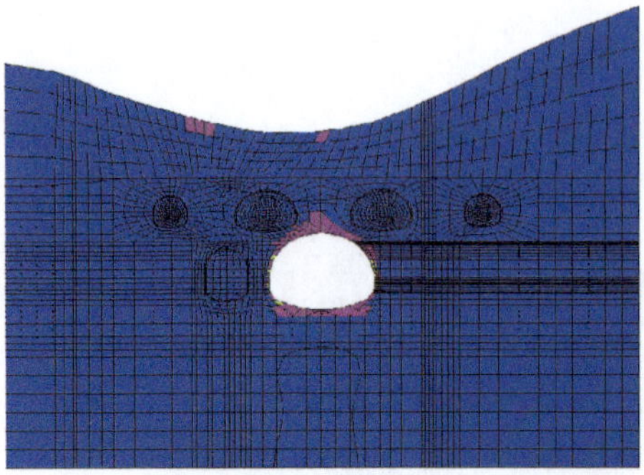

a) 地铁车站隧道施工后

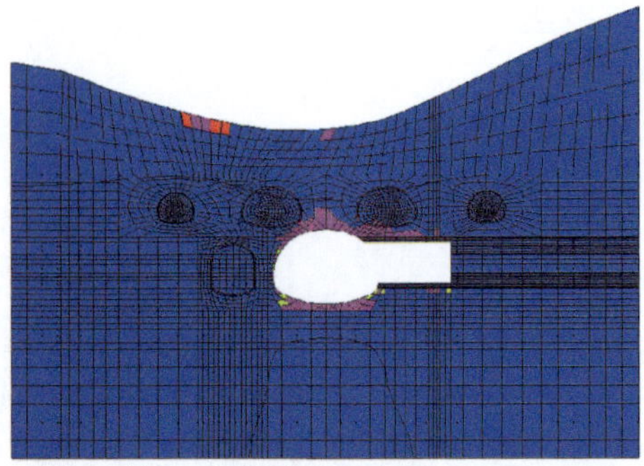

b) 地铁风道隧道施工后

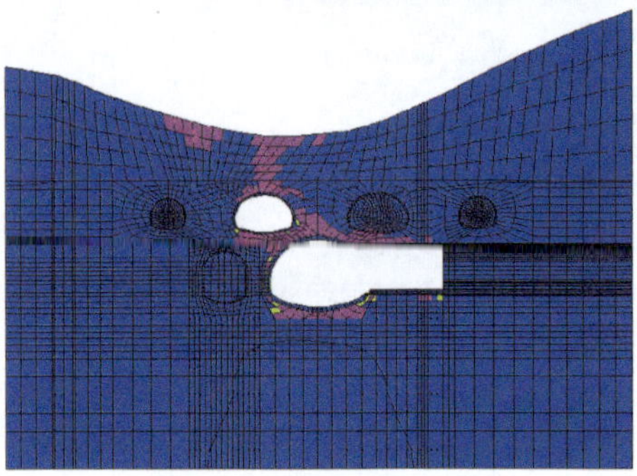

c) 三纵线左侧主隧道施工后

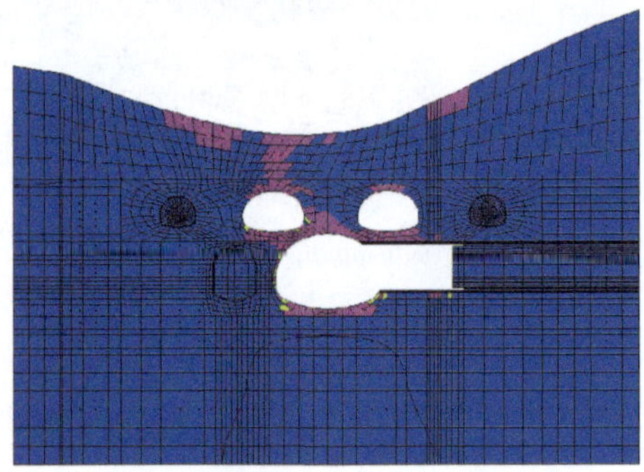

d) 三纵线右侧主隧道施工后

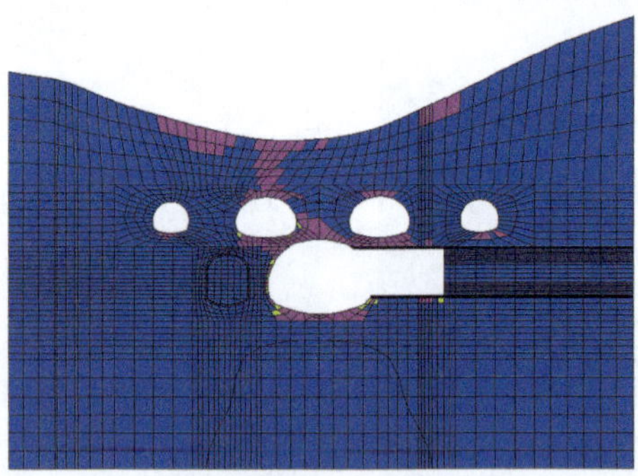

e) A、B匝道隧道施工后

图 5-7　风道隧道断面处塑性区随隧道群施工过程演变

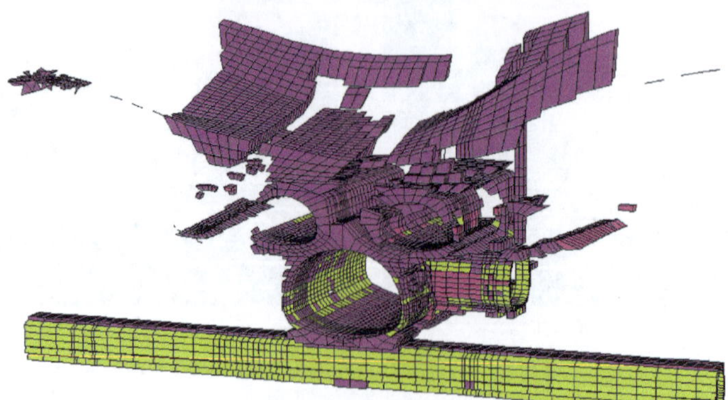

图 5-8　隧道群围岩塑性区